레시피팩토리는 독자와 소통하면서 특히 초심자를 위한 디테일이 살아있는 책을 만들고자 노력하고 있습니다.
누구에게나 처음인 순간, 초보인 시절이 있습니다. 그런 시절 당신의 손에 들려 있을 첫 번째 책을 꿈꾸며
우리는 언제나 어느 면에서 모두가 초보라는 동지애로, 당신의 작은 행복을 위한 간결한 레시피가 되겠습니다.

하루 1.5끼
간헐적 단식
다이어트 식사법

23kg 감량 후 7년째 유지하는 레미레미의 비결 레시피

Contents

PART ONE
GUIDE

010　Prologue
　　　꼭 들려주고 싶은 레미레미의 다이어트 경험담

014　Basics
　　　간헐적 단식, 바로 알기

022　Guide
　　　레미레미가 추천하는 하루 1.5끼 간헐적 단식법

030　Menu
　　　하루 1.5끼 간헐적 단식 레미레미의 식단 구성 원칙

abc 가이드

a advanced
준비 과정이 다소 많지만
도전할 만한 맛있는 레시피

b beginner
재료, 조리법이 모두 간단한
초보자를 위한 쉬운 레시피

c choice
저자가 특히 추천하는 레시피

이 책의 모든 레시피는요!

☑ **표준화된 계량도구를 사용했습니다.**
- 1컵은 200㎖, 1큰술은 15㎖, 1작은술은 5㎖ 기준입니다.
- 계량도구 계량 시 윗면을 평평하게 깎아 계량해야 정확합니다.
- 밥숟가락은 보통 12~13㎖로 계량스푼(큰술)보다 작으니
  감안해서 조금 더 넉넉히 담아야 합니다.

☑ **채소는 중간 크기를 기준으로, 완성 분량(인분)은 넉넉하게 제시했습니다.**
- 오이, 양파, 파프리카, 가지, 토마토 등 개수로 표시된 채소는
  너무 크거나 작지 않은 중간 크기를 기준으로 개수와 무게를 표기했습니다.
- 하루 1끼, 하루 0.5끼 완성 분량(인분)은 성인 남성 기준으로 넉넉히 제시했습니다.
  개인의 평소 먹는 양에 따라 조절하세요.

PART TWO
RECIPE

단식 후 든든한 1끼 메인요리

- 036 할라페뇨 버섯오믈렛 b
- 038 아보카도 멕시칸오믈렛
- 040 마스카르포네 프리타타 a
- 042 꽈리고추 통마늘 닭볶음
- 044 닭다리살 채소볶음과 갈릭 요거트소스 c
- 046 프렌치 어니언치킨
- 048 선드라이드 토마토치킨
- 050 크리미 토마토치킨과 시금치
- 052 버터 치킨 콜리플라워 라이스 c
- 054 스리라차 버팔로치킨과 랜치소스
- 056 단백질 폭탄 치킨 버섯피자
- 058 대파 제육볶음
- 060 된장 삼겹구이와 부추무침
- 062 돼지고기 새우 완자탕
- 064 아보카도와 오이 돼지고기 쌈
- 066 동남아풍 칠리 비프쌈
- 068 토마토 크림 함박스테이크와 버터 양배추볶음

- 070 미트볼과 오이 요거트소스 a
- 072 태국식 비프샐러드
- 074 채소 듬뿍 차돌된장찌개
- 076 부드러운 쇠고기스튜 c
- 078 뼈 없는 갈비찜
- 080 양갈비구이와 치미추리소스
- 082 콜리플라워 새우볶음밥 b
- 084 새우세비체
- 086 구운 채소 연어샐러드와 땅콩버터 드레싱
- 088 아스파라거스 연어구이와 홀랜다이즈소스
- 090 허브 머랭 연어구이와 시금치볶음 a
- 092 가지 파마산 b
- 094 심플 가지피자
- 096 콜리플라워 마르게리타피자

하루 1끼 main-dish

PART THREE
RECIPE

단식 전 가벼운 0.5끼 사이드요리

- 100 버섯 크림수프
- 102 단호박수프
- 104 닭고기 달걀수프
- 106 아보카도 레드커리수프 c
- 108 양배추 그린샐러드
- 109 적양배추 레드샐러드
- 110 심플 에그샐러드 b
- 112 페스토 달걀샐러드 a
- 114 멕시칸 토마토살사
- 115 사천식 오이샐러드
- 116 오이 페타치즈샐러드
- 117 아보카도 카프레제
- 118 구운 가지 모차렐라샐러드 a
- 120 구운 파프리카 부라타샐러드
- 122 구운 단호박 부라타샐러드 b
- 124 훈제 연어 루콜라샐러드
- 126 90초 저탄수 달걀빵
- 127 씨앗 치즈칩 b
- 128 홈메이드 저탄수 그래놀라 a
- 130 모차렐라 치즈칩
- 132 르뱅 스타일 초코칩쿠키 c
- 134 땅콩버터쿠키
- 136 초콜릿 아몬드비스코티
- 138 블루베리 크럼블
- 140 레몬 파운드케이크 c
- 142 노오븐 딸기 생크림케이크
- 144 세 가지 우유케이크
- 146 전자레인지 키토 티라미수
- 148 초콜릿 아보카도푸딩
- 149 베리베리 단백질푸딩
- 150 코코넛 아보카도스무디
- 151 블루베리 MCT 스무디

하루 0.5끼 side-dish

23kg 감량, 7년째 건강하게 유지하는 비법

PART ONE

GUIDE

레미레미가 들려주는 간헐적 단식 다이어트의
생생한 경험담부터 구체적인 실천법까지 꼼꼼 가이드

Prologue

"저를 지독하게 괴롭히던
다이어트와 요요의 반복,
마지막으로 만난 간헐적 단식 덕분에
벗어날 수 있었습니다."

꼭 들려주고 싶은
레미레미의 다이어트 경험담

23kg 감량, 7년째 유지! 편식 심한 말라깽이에서 놀림 받는 뚱보로,
다이어트와 요요를 반복하는 악순환 다이어터로 살아온 시간들.
간헐적 단식을 통해 다이어트에 성공, 모두가 부러워하는 유지어터가 된 그의 이야기.

입 짧은 아이,	8살 때까지 나는 편식이 굉장히 심한 아이였다. 너무 말라 주변에서 걱정할 정도였다.
뚱뚱보가 되다	어머니는 내가 밥을 다 먹기 전까지 자리에서 일어나지 못하게 하면서 억지로라도 먹게 했는데, 난 끝내 다 먹지 않았던 기억이 있다. 근데 어느 순간, 식욕이 늘기 시작했고 그때부터 중학생 때까지 엄청 먹어댔다. 돼지갈비, 치즈버거, 치킨, 아이스크림, 케이크 같은 음식을 즐겼다. 치즈버거는 7개까지 먹어치운 기록이 있고, 돼지갈비는 5인분을 먹었다. 이렇게 먹고도 집으로 돌아오는 길에 빵이나 아이스크림을 한두 개씩 사서 더 먹곤 했다.

편식하면서 밥도 잘 안 먹던 아이가 습관적으로 정크푸드로 과식, 폭식을 하니 몸은 순식간에 엄청 불어났다. 초등학교 4, 5학년 때 친구들은 MBC 주제곡 '뚱뚜두 뚱뚱~ 만나면 좋은 친구~' 라고 나를 불렀다. 남자애, 여자애 할 것 없이 나의 뚱뚱한 모습을 자주 놀렸고, 그로 인해 싸움이 잦았다. 자존감도 바닥을 쳤다.

어느 날, 학교에서 친구들과 또 싸운 후 집으로 돌아와 책상에 앉아있다가 기발한 아이디어가 떠올랐다. 그저 그 나이 때만 가질 수 있는 상상력이라고 말하고 싶다. 문득 TV에서 지방 흡입 수술을 본 기억이 있어 혼자 이런 생각을 했었다. 바늘로 내 몸을 찌르면 지방이 흘러나와서 살이 빠지지 않을까? 그래서 반짇고리에서 바늘을 꺼내 책상에 앉았고 가슴 부위를 찔렀다. 너무 아파 깊숙이 찌르지는 못했다. 피가 살짝 났다. 여름 모기를 잡다보면 나오는 정도의 양이었다. 다시 생각해도 정말 바보 같은 짓이었다.

첫 다이어트,	처음에는 다이어트에 대한 아무런 지식이 없었기에 잘 안 먹고 운동하는 방법을 택했다.
무모한 절식과	먹는 걸 워낙 좋아했던지라 참는 건 쉽지 않았다. 그래서 밤늦게까지 친구들과 놀며 식사를
운동	거르거나, 과자 같은 군것질거리로 끼니를 때우곤 했다. 신나게 노는 데 정신이 팔려 크게 배고픔을 느끼지 않을 수 있었고, 저녁에 집에 들어오면 배가 고팠지만 꾹꾹 눌러가며 참았다. 이런 식으로 살을 많이 뺐다. 하지만 억지로 배고픔을 참는 다이어트는 오래 지속되지 않았다. 얼마 지나지 않아 결국엔 예전의 식습관으로 돌아갔고, 살도 그대로 다시 쪘다. 시간이 더 지나 살은 전보다 더 쪘다. 요요였다.

두 번째 다이어트,	이번에는 좀 달랐다. 먹는 걸 좋아하는 내게 친구가 다이어트 책에서 배운 방법이라며
닭가슴살 저염식	권했는데, 닭가슴살을 먹으면서 지방 섭취는 줄이고 저염식으로 하루 3끼를 5~6끼에 나눠 먹는 것이었다. 멋진 몸을 갖고 싶었고, 이성의 관심도 얻고 싶었기에 그 친구의 권유에 따라 운동을 하면서 좋아하지도 않는 퍽퍽한 닭가슴살을 목구멍으로 밀어 넣었다. 퍽퍽한 닭가슴살에 밍밍한 양념, 고구마, 브로콜리, 토마토 등으로 아무리 맛있게 요리를 하려고 해도 지방 없이, 소금 없이 맛있게 먹기란 어려웠다.

그래도 정신력으로 억지로 먹으면서 이 식단을 오랫동안 유지했다. 그랬더니 진짜 살이 많이 빠지긴 했다. 복근도 생겼고 근육이 섬세하게 보이는 멋진 몸이 완성되었다. 언제 어디서나 웃옷을 벗어 던질 정도로 자신감은 하늘로 치솟았다.

하지만 이런 몸도 오래 유지하기란 어려웠다. 날이 갈수록 닭가슴살이 먹기 싫어졌다. 입에서 닭 비린내가 나는 것 같았고, 다이어트가 엄청난 스트레스가 되었다. 안그래도 직장에서 많은 스트레스를 받으면서 하루하루를 버티고 있었는데, 다이어트는 나의 또 다른 스트레스였다. 이때는 그저 나 스스로에게 벌을 주는 느낌이었고, 그만하고 싶다는 생각이 간절했다. 그래서 결국 한두 번씩 치팅을 하던 게 두세 번이 되고, 세네 번이 되고 결국엔 다이어트고 뭐고 놓아 버리게 되었다. 그리고 살은 다시 쪘다. 이때는 내 인생 최대의 몸무게를 찍었다.

의심 속에 시작된 세 번째 다이어트, 간헐적 단식

어느 날 우연히 간헐적 단식을 소개하는 영상을 보게 되었다. 살을 빼려면 하루에 5~6끼로 나눠 먹고 아침은 절대 거르면 안된다고 여태 알고 있었는데, 오히려 끼니를 거르라니! 말이 안되는 소리라고 생각했다. 특히 아침을 거르면 지방 대신 근육이 빠지고 과식으로 이어져 오히려 살이 더 찐다는 말이 많았기에 처음엔 의심할 수 밖에 없었다.

여러 전문가들의 영상과 글을 찾아보고 간헐적 단식을 통해 다이어트에 성공한 사례들을 접하면서 이런 생각이 들었다. 어차피 밑져야 본전이다! 기존 사고의 틀 속에 갇혀 있었을 땐 다이어트가 스트레스였고, 그 괴로움은 결국 요요로 이어졌기 때문에 혹시나 이게 해결책이 되지 않을까 하는 마음에 도전해 보기로 했다.

가장 흔하게 하는 방법은 16 : 8 간헐적 단식(앞숫자는 하루 중 공복시간, 뒷숫자는 식사시간. 이 식사시간에 보통 1~2끼를 먹는다). 그렇지만 처음 해본다면 12 : 12부터 시작해 조금씩 공복시간을 늘려가라고 했다. 하지만 난 조금 타협해 14 : 10으로 시작했다. 저녁 8시 정도에 마지막 식사를 하고 다음날 10시경 간단하게 첫 식사를 했다.

3일 정도 해보니 전혀 어려운 게 없었다. 그래서 4일째부터는 단식시간을 2시간 더 늘려 16시간 단식을 했다. 오후 8시에 마지막 식사를 하고 12시 즈음에 첫 식사를 했다. 아침을 꼭 먹던 습관 때문인지 처음엔 배고픔을 참는 게 쉽지만은 않았다. 커피, 차, 물을 마시면서 허기를 달래고 식사시간이 오기를 기다렸다. 식사시간이 되면 그 순간 먹고 싶은 음식 위주로 식사를 했다. 첫 5, 6주차까지는 신기하게도 일주일에 1kg 정도씩 감량을 했고, 점점 단식 시간동안 배고픔을 견디는 것이 쉬워졌다. 결국 나는 23kg을 건강하게 감량했고, 7년째 요요 없이 유지하고 있다.

드디어 닭가슴살 없는 간헐적 단식으로 요요 탈출

간헐적 단식을 꾸준히 공부하며 실천할 때 공통적으로 듣는 조언이 있었다. 무엇보다 영양적으로 부족함 없는 건강한 식사를 해야 한다는 것이다. 그러지 않으면 지속성에 문제가 생긴다는 것. 또 다시 싫어하는 고단백의 닭가슴살 위주로 먹으라는 건가 해서 처음엔 거부감이 들었지만, 자세히 알아보니 닭가슴살을 먹지 않아도 충분히 건강하게 메뉴를 짜서 먹을 수 있다는 것이었다. 듣던 중 반가운 소리가 아닌가!

이때 처음 접하게 된 것이 '팔레오 식단(Paleo Diet)'이었다. 이 식단은 수렵과 채집 시대의 식단을 모티브로 한 건강 식단이다. 즉 자연에서 온 음식은 먹고, 공장에서 온 음식은 멀리하는 것. 여태껏 알고 있던 '건강한 식단'에는 많은 오류가 있다는 것을 알게 되었다.

우리 선조들이 먹었던 자연의 음식들에는 문제가 없지만, 공장에서 만들어진 일부 음식들에 의해 현대인들은 살이 찌고 병이 든다는 것이었다. 닭가슴살 말고도 내가 먹을 수 있는 '건강한 음식'의 종류가 많아져 기분이 좋았다. 그리고 실제로 닭가슴살을 지난 7년 동안 거의 먹지 않았다. 삼겹살, 갈비, 스테이크, 곱창 등 좋아하는 고기도 먹고 과일, 채소도 자유롭게 먹고 있다. 지금은 요요의 악순환에서 완전히 벗어났다. 그리고 몸이 건강하니 삶의 질도 향상되고 만족도까지 높아짐을 경험하고 있다.

체중과 건강을 유지하고 삶을 간소화하는 최고의 방법

간헐적 단식은 현재 세계에서 가장 인기 있는 다이어트 및 건강 식단 트렌드 중 하나이다. 연예인, 운동선수, 직장인, 노인 등 모든 분야의 사람들이 살을 빼고 건강을 증진시키고 삶을 간소화하기 위해 간헐적 단식을 선택하고 있다. 최근 연구에 따르면 간헐적 단식은 살을 빼는 건강한 방법일 뿐만 아니라 염증 감소, 집중력 향상 등 다양한 건강 지표들을 향상시키는 데에도 매우 효과적이라는 것을 확인시켜준다.

단식은 인류 진화 전반에 걸친 관행이었다. 과거 수렵 채집인들에게는 1년 내내 먹을 수 있는 식량이 없었다. 때로는 먹을 것을 찾지 못하기도 했다. 그 결과, 인간은 오랜 시간 동안 음식 없이도 기능할 수 있도록 진화했다. 그런 관점에서 단식은 하루에 3~4끼씩(또는 그 이상) 챙겨 먹는 것보다 더 자연스러운 것이었다. 실제 히포크라테스, 소크라테스, 플라톤 모두 건강 회복을 위해 단식을 권장했다. 우리 몸은 휴식을 취하고, 치유되고, 저장된 지방을 태우기 위해 주기적으로 단식을 하도록 설계되어 있기 때문이다. 실제 단식을 하는 동안 우리 몸은 낡은 세포를 새로운 세포로 정화하거나 회복한다.

지금은 언제 어디서나 음식을 풍부하게 먹을 수 있기 때문에, 우리 몸을 클린하게 해주는 단식(짧은 시간 동안 먹지 않는 간헐적 단식)을 자발적으로 실천하지 않는 한 존재하지 않는다. 즉 몸에게 휴식하고 회복할 틈을 주지 않고 있다는 것이다. 혹 '단식'이라는 단어가 부담스럽다면, 겁먹을 필요는 없다. 아침을 건너뛰고 점심을 첫 식사로 했던 경험은 누구에게나 있을 것이다. 그렇다면 당신은 이미 간헐적 단식을 경험한 것이다.

이렇게 간헐적 단식은 누구나 쉽게 따라 할 수 있고, 식사 시간에 먹게 되는 음식에 대해 크게 신경 쓰지 않아도 된다는 점이 상당히 매력적이다. 또한 우리 몸이 지방 연소 모드로 전환되어 뱃살도 함께 줄어든다. 다시 살이 찌는 것에 대해 걱정할 필요 없이 다른 건강적 이점과 함께 체중 감량을 실현할 수 있다니 시도해볼 가치가 충분하지 않은가!

이 책에서는 간헐적 단식이 정확히 어떤 원리인지 설명하고, 나에게 맞춰 실천하는 방법, 일반적인 오해에 대해 적었다. 아울러 누구나 지속적으로 실천할 수 있는 방법으로 하루 1.5끼 간헐적 단식법을 소개했다. 또한 내가 가장 자신 있게 추천하는, 오늘 당장 따라 할 수 있는 영양이 꽉 찬 한 달치 레시피를 공개했다.

이 한 권으로 삶을 바꿔보자. 가볍게, 건강하게, 심플하게!

Basics

"간헐적 단식은 다이어트와 건강에
모두 이로운 습관입니다.
시작하기 전 기본 원리를 이해하면
꾸준히 실천하는데 큰 도움이 될 겁니다."

간헐적 단식, 바로 알기

간헐적 단식은 아무 것도 먹지 않는 공복시간(단식, 12~20시간)과
충분한 음식물을 먹는 섭취시간(식사, 4~8시간)을 엄격히 구분하는 것에서 시작된다.
다이어트 효과와 다양한 건강적 이점들은 바로 이 공복시간에 일어난다.

간헐적 단식이란?

하루 중 주어진 시간 동안만 칼로리를 섭취하고, 그 외의 시간은 음식이나 음료 섭취를 피하는 것이다. 칼로리 제한 다이어트와 비슷하다고 생각할 수 있으나 전혀 다르다. 간헐적 단식은 칼로리를 제한하며 느꼈던 음식에 대한 갈망, 심한 피로, 칼로리 계산의 번거로움 등으로 우리를 괴롭히지 않는다. 피해야 하는 음식의 종류도 그다지 제한하지 않는다. 단지 음식을 언제 먹는지에만 초점을 맞춘다.

인간의 역사와 함께한 건강법

오래 전부터 인류는 간헐적 단식을 실천해왔다. 식량 공급 예측이 불가능했던 현대 이전의 인간은 불가피하게 단식을 수행할 수밖에 없었다. 가뭄, 전쟁, 곤충, 감염, 질병 등 인류가 통제할 수 없는 변수들이 식생활을 제한해 온 것이다. 계절의 변화도 마찬가지였다. 과일과 채소가 풍부한 여름 가을과 달리, 겨울 봄에는 식재료가 부족했고 그 기간은 몇 주 또는 심지어 몇 달 동안 지속되었다.

수렵과 채집의 시대, 우리 조상들은 음식을 찾아다니는 동안 공복의 상태였다. 하지만 인간 사회가 농업을 발전시키면서 기근의 기간이 점차 줄었어도 고대 그리스 문명은 주기적인 단식이 주는 본질적인 유익함을 인식했다. 그래서 그들은 비자발적인 굶주림에서 벗어났음에도 불구하고 자발적인 단식 기간을 가졌고, 이를 '해독' 또는 '정화'의 시간이라고 불렀다.

이슬람, 불교, 기독교 등의 종교는 특정 기간 동안 종교적 목적을 위해 엄격하게 단식을 해왔다. 단식은 점차 다양한 종교와 문화적 배경에서 해로운 것이 아닌 인간의 몸과 영혼에 유익한 것으로 여겨지며 발전했다. 단식은 질병을 치료하기 위한 것이라기보다 건강을 유지하기 위한 것이며, 인간은 아플 때마다 본능적으로 단식을 해왔다.

> "음식이 약이 되게 하고 약이 음식이 되게 하라.
> 그러나 당신이 아플 때 먹는 것은 당신의 병을 먹이는 것이다."
> - 서양 의학의 아버지, 히포크라테스 -

일반적으로 최소 12시간부터 단식으로 인한 건강상의 이점을 얻을 수 있다고 알려져 있다. 따라서 취침 전후로 몇 시간 정도 아무것도 먹지 않는다면 아주 쉽게 간헐적 단식을 시작할 수 있다.

간헐적 단식의 원리

간헐적 단식은 여러 방식이 있지만 '단식(공복 상태, fasted state)'과 '식사(섭취 상태, fed state)'의 시간을 분리해 규칙적으로 지킨다는 원칙은 동일하기 때문에 자신의 생활 습관에 맞춰 다양하게 일정을 설정할 수 있다.

간헐적 단식의 원리를 이해하려면 먼저 '공복 상태'와 '섭취 상태'의 차이점을 아는 것이 중요하다. 음식을 섭취할 때 우리 몸은 인슐린이라는 저장 호르몬을 통해 에너지를 흡수하고, 초과량을 간과 지방 세포에 저장한다. '섭취 상태'에 있는 동안은 인슐린이 상승하기 때문에 지방을 연소하지 못하는 상태가 된다.

반면 식사를 중단하면 인슐린 수치가 떨어지고, 우리 몸은 저장된 에너지를 연소하기 시작한다. '공복 상태' 동안 지방이 연소되기 시작하는 것이다. 간단히 말해서, 우리 몸은 이런 식으로 섭취 또는 공복 상태에 있으며 둘 중 어떤 상태를 더 길게 유지하는지에 따라 체중이 늘거나 줄 수 있다.

Tip 인슐린

혈액 속 포도당(혈당)이 일정하게 유지되도록 하는 호르몬이에요. 우리가 음식을 먹으면 혈당이 오르고 인슐린이 분비되어 혈중 포도당이 각 조직에 에너지원으로 보내져요. 이때 남는 것은 간과 지방 세포에 저장되지요. 인슐린은 대사에 꼭 필요한 호르몬이지만 과도하게 분비되면 체중 증가, 지방 축적 등의 원인이 되기 때문에 '비만 호르몬'이라고도 불려요.

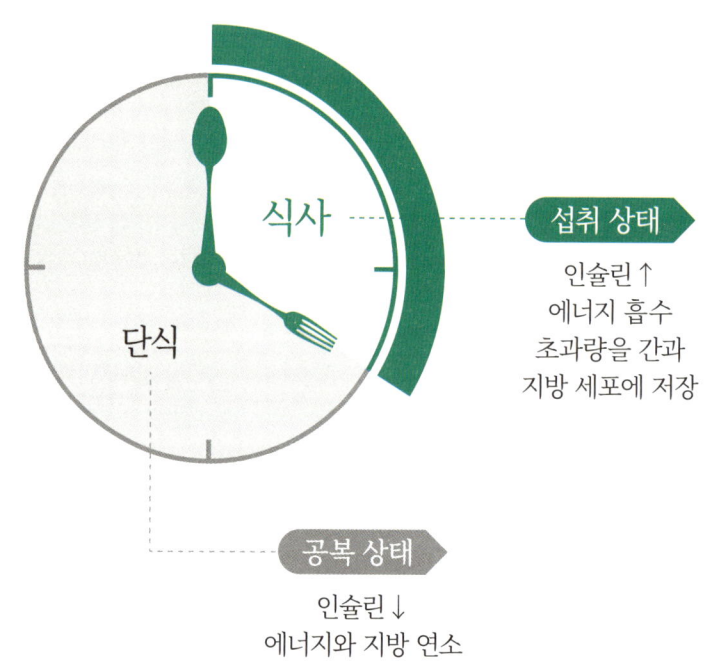

간헐적 단식이 주목 받는 이유

간헐적 단식의 건강적 이점들은 여러 가지가 있는데, 이들 중 가장 주목받는 3가지 포인트는 체중 감량, 두뇌 활동 향상, 세포 정화이다.

간헐적 단식이 주는 건강적 이점들

- 체지방 감량
- 인슐린 감수성 개선
- 세포 건강 개선
- 염증 감소
- 성장호르몬 HGH 생성 증가
- 뇌신경생장인자 BDNF 생성 증가
- 집중력 및 생산력 향상
- 숙면에 도움

---

1 간헐적 단식이 체중 감량에 효과적인 이유

간헐적 단식은 일반적으로 다이어트 효과를 위해 시도하는 경우가 많다. 전통적인 다이어트의 경우에는 칼로리 섭취를 제한해야 하고, 신경 써야 하는 부분들도 많아 다이어트에 대한 동기를 쉽게 사라지게 한다.

하지만 간헐적 단식은 식사가 비교적 유연하기 때문에 체중 감량 방법으로 많은 이들이 선호한다. 간헐적 단식을 하게 되면 식사량 또는 식사 빈도수가 줄어 자연스럽게 칼로리 섭취가 줄어든다. 또한 단기적인 단식은 신진 대사율을 높이고 더 많은 칼로리를 태울 수 있게 한다. 그래서 간헐적 단식이 체중 감량에 아주 효과적인 것이다.

그렇지만 간헐적 단식이 마법의 다이어트는 아니다. 일주일에 5kg씩 살이 빠지진 않는다. 하지만 매주 0.5~1kg 정도의 지속적인 감량은 기대해볼 수 있다. 연구에 따르면 간헐적 단식은 3~24주 동안 3~8%의 체중 감소를 일으킬 수 있고, 허리 둘레는 4~7% 감소해 뱃살을 줄일 수 있다고 한다. 이는 각종 질병의 원인인 해로운 내장 지방의 감소를 의미한다.

Tip   HGH와 BDNF

1 성장호르몬 HGH(Human growth hormone)은 성장은 물론 근육량 증가, 지방대사 촉진, 학습능력 향상, 숙면 등에 긍정적인 역할을 하는 호르몬이에요.

2 뇌신경생장인자 BDNF(Brain-derived neurotrophic factor)는 뇌에서 분비되는 신경에 영양을 주는 물질로 뇌의 기능을 활성화하는 데 도움을 줘요.

또 다른 보고서에 따르면 간헐적 단식은 지속적인 칼로리 제한보다 근육 손실이 적다고 한다. 근육량이 많을수록 신진대사는 더 활발하다. 따라서 간헐적 단식을 통해 감량한 체중을 더 오래 유지할 수 있게 한다.

2 간헐적 단식이 몸을 클린하게 하는 이유

암과 같은 큰 병을 앓았던 이들에게도 간헐적 단식을 권하는 경우가 많은데, 그 이유는 단식을 하는 동안 우리 몸에서 '자가포식'이라는 작용이 일어나 세포가 자연 청소되고, 몸이 클린한 상태를 유지할 수 있기 때문이다.

'자가포식'은 영어로 '오토파지(Autophagy)'라고 부른다. 자가(스스로)를 의미하는 '오토(Auto)'와 포식(먹어치운다)을 의미하는 'Phagy'의 합성어로, 세포가 영양 결핍이 되면 스스로 세포 속 불필요한 성분(노화되거나 손상된 구성 요소)을 먹어치워 에너지를 얻는 활동을 말한다. 그러면서 세포는 깨끗하고 건강하게 재생되기 때문에, 몸의 재부팅 버튼을 누르는 것과 비슷하다고 볼 수 있다.

자가포식이 세포에 어떤 영향을 끼치는지에 대해서는 많은 연구가 진행되었지만, 건강상의 이점에 대해 확실한 결론을 내리기엔 여전히 더 많은 연구가 필요한 상황이다.

3 간헐적 단식이 두뇌에 좋은 이유

우리 두뇌가 제대로 기능하기 위해서는 두뇌가 좋아하는 영양분을 공급하는 것이 중요하다. 하지만 아무 것도 먹지 않는 것 또한 두뇌에 좋다. 사실 단식 중일 때 가장 똑똑한 상태에 있다. 왜냐하면 우리가 단식 중일 때 집중력, 주의력 및 기억력과 관련된 많은 신경 전달 물질이 증가하기 때문이다. 또한 간헐적 단식 동안 신체는 몸의 에너지원으로 지방을 연소하는 케토시스 상태가 되는데, 이는 뇌가 최적의 수준으로 기능하도록 돕는다.

나에게 맞는 간헐적 단식법은?

16 : 8 간헐적 단식

가장 인기 있는 방법이다. 간헐적 단식을 처음 해본다면 쉽게 시작할 수 있기 때문이다. 16 : 8 단식은 하루 24시간 중 8시간 동안은 충분한 식사를 하고, 나머지 16시간 동안 단식을 한다. 하루 세 끼 대신 두 끼만 먹는다고 생각하면 쉽다. 아침을 거르고 점심, 저녁에 먹거나 아침, 점심에 먹고 저녁을 거르는 식이다. 이 방식의 가장 큰 장점은 사회생활에 영향을 거의 주지 않는다는 것이다. 퇴근 후 저녁 약속이 있어 늦게까지 먹어야 한다면, 그날 첫 끼를 12시~1시쯤으로 늦게 시작하는 것으로 간헐적 단식 패턴을 이어갈 수 있다. 적응이 되면 매일 이어가기에도 좋은 방식이다. 나 역시 14시간 단식을 처음으로 시작해 그 다음은 16시간 단식, 그리고 지금은 매일 20시간 단식을 실천하고 있다.

5 : 2 간헐적 단식

5 : 2 단식은 일주일 중 5일은 표준섭취량을 충족시키는 건강한 식사를 하고, 나머지 2일만 칼로리 섭취를 제한하는 방법이다. 2일 단식날에는 적정 칼로리의 약 25% 정도만 섭취한다. 일반적으로 남성은 600kcal, 여성은 500kcal 정도. 5 : 2 단식을 실천하기 위해서는 먼저 일주일 중 단식을 실천할 이틀을 선택해야 한다. 이때 단식일은 연속으로 잡지 않는다. 예를 들어, 월요일을 단식일로 지정했다면 화요일이 아닌 수요일이나 목요일을 단식일로 지정한다. 이러한 방식은 매일 칼로리 섭취를 제한하는 전통적인 다이어트 방식보다 쉬울 수 있다. 매일 허기를 견디는 것이 아닌 일주일 중 이틀만 견디면 되기 때문이다.

격일 단식

격일 단식은 말 그대로 하루 건너 하루씩 24시간 단식을 하는 방식이다. 예를 들어 오늘 단식을 했다면 내일은 배불리 음식을 먹고, 그 다음날에는 단식을 하며 반복하는 것이다. 단식을 하는 날에는 사람에 따라 액체만 섭취하거나 500kcal 정도로 식사를 제한하기도 한다. 이 방법은 다른 간헐적 단식에 비해 원하는 일정에 유연하게 시도할 수 있다는 장점이 있다. 오랜 시간 동안 비행을 해야하는데 기내식을 먹고 싶지 않다면 그날을 단식하는 날로 정하고 다음날 맛있는 음식을 즐기는 것이다. 단, 환자나 특정 의학적 조건을 가진 사람들에게는 장기간 반복하기에 적합하지 않을 수 있다. 장기적으로 봤을 때 유지하기도 어려운 방식이다.

잠깐! 간헐적 단식에 대한 오해들

인터넷에서 근거가 부족한 말들을 흔히 볼 수 있다. 이러한 오해들이 사실이라면, 나는 지난 7년간 간헐적 단식을 하는데 어려움이 있었을 것이고, 30일 라마단 기간에 1일 1식을 하는 19억 이슬람 교인들에게도 문제가 생겼을 것이다.

신진대사가 느려지고, 기아상태가 된다?

'기아상태'란 지속적으로 소식을 할 때 신체가 에너지 균형을 회복하고 체중을 유지하기 위해 자발적으로 대사를 느리게 해 기본 칼로리 소모를 줄이는 현상이다. 저칼로리 식단을 했을 때 나타나 단식 때도 그럴 것이라고 생각하는데 다행히 단식에서는 일어나지 않는다. 오히려 신진대사가 증가한다. 단식 중 몸에 저장된 에너지를 연료로 쓰기 위해 대사가 더 활발히 진행되기 때문이다.

근손실이 생긴다?

근육 손실은 사람들이 간헐적 단식을 고려할 때 걱정하는 것 중 하나이다. 장기간(1~2주) 단식하면 근육 손실에 대한 우려는 있다. 그러나 단식 기간이 길지 않은 대부분의 간헐적 단식 요법에 의한 근육 손실이 크게 나타난다는 증거는 없다.

영양 결핍을 유발한다?

식사를 통해 충분히 영양 섭취를 한다면 결핍을 걱정할 필요는 없다. 그러나 간헐적 단식으로 저장 탄수화물이 고갈되었을 때 두통과 같은 부작용이 발생할 수 있다. 이럴 때는 미네랄이 풍부한 광천수나 소금물을 마시면 도움이 된다. 탄수화물은 '필수 탄수화물'이란 것이 없기 때문에 탄수화물 결핍이 발생할 수는 없다. 하지만 필수아미노산과 필수지방산은 음식을 통해 충분히 섭취해야 한다.

위험한 수준으로 저혈당을 유발한다?

배고픔, 짜증, 무기력, 식은땀, 불안감 등 저혈당 증상을 경험한 적이 있다면 이는 식사를 하지 않아 그런 것보다 이전 식사 중 먹었던 음식 때문인 경우가 대부분이다. 탄수화물 위주로 식사를 하면 혈당이 많이 오르고 인슐린 자극도 커진다. 인슐린 분비가 많아지면 시간이 지남에 따라 혈당이 더 많이 떨어진다. 저혈당 증상을 줄이는 좋은 방법은 탄수화물 섭취를 과하게 하지 않는 것이다. 단, 혈당 조절에 문제가 있다면 전문가와 상의해 단식이 적합한지 따져봐야 한다.

폭식을 유발한다?

격일 단식 연구에 따르면 단식하는 사람들이 24시간 단식 후 다음날 평소보다 더 많은 칼로리를 섭취하는 경향이 있지만, 증가량은 500kcal 미만이라고 한다. 따라서 평균을 내면, 단식을 하지 않는 이틀보다 격일 단식을 한 이틀의 섭취 칼로리가 여전히 훨씬 적다. 오히려 반복적인 단식은 반대의 효과가 있다. 여러 연구와 7년 동안의 개인적인 경험에 의하면, 간헐적 단식의 실천 기간이 지속될수록 식욕이 감소하는 경향이 있다.

잠깐!
간헐적 단식을
추천하지 않는 경우

간헐적 단식은 많은 이들에게 다이어트와 건강에 이점을 줄 수 있는 놀라운 식사법이지만, 모든 사람에게 적합한 것은 아니다.

다음과 같은 경우에는 간헐적 단식을 권장하지 않는다.

- 임산부와 모유 수유 중인 여성
  (아기의 성장을 위해 더 많은 칼로리 섭취가 필요하기 때문이다)
- 한창 자랄 나이의 어린이 및 청소년
  (꾸준한 영양 섭취로 성장을 촉진해야 하기 때문이다)
- 저체중인 사람
- 거식증, 폭식증, 식욕부진 등의 섭식장애 병력이 있는 사람
  (단식은 이러한 장애를 악화시킬 수 있기 때문이다)
- 고도의 스트레스, 피로로 고통받는 사람들

다음과 같은 경우에도 간헐적 단식을 조심해야 한다.
반드시 전문의와 상의해야 한다.

- 통풍이 있는 경우
- 복용 중인 약물이 있는 경우
- 당뇨병이 있는 경우
- 위식도역류질환이 있는 경우

Guide

"나에게 맞는 방법을 찾는 것이 중요해요.
저는 먹는 즐거움, 요리하는 간편함,
지속 가능성을 모두 고려해
하루 1.5끼 간헐적 단식을 실천하고 있습니다."

레미레미가 추천하는
하루 1.5끼 간헐적 단식법

간헐적 단식에서 가장 중요한 것은 공복시간을 지키는 것과
영양이 부족하지 않게 식사하는 것. 그렇다면 어떻게 무엇을 먹어야 할까?
누구나 부담 없이 실천할 수 있는 하루 1.5끼 간헐적 단식 식사법을 소개한다.

하루 1.5끼 간헐적 단식이란?

앞서 19쪽에서 누구나 실천하기 쉬운 간헐적 단식법으로 16 : 8 방법(처음 시작한다면 12 : 12)을 이야기했다. 이 방법에서는 1일 1식이나 2식을 먹는 게 보편적인데, 지속 가능성을 높이기 위한 절충안으로 나는 '하루 1.5끼 간헐적 단식법'을 추천한다. 하루의 식사를 든든한 1끼 메인요리와 가벼운 0.5끼 사이드요리로 나눠 먹는 것이다.

이 방법은 하루 1끼만 먹자니 실천이 어려우면서 먹는 즐거움에 대한 아쉬움이 남고, 2끼 모두 먹자니 준비도 부담되고 과식으로 이어질 수도 있는 것을 예방하는 나만의 간헐적 단식 다이어트 식사법이다.

나는 오랜 시간 간헐적 단식을 해왔기 때문에, 현재는 단식의 시간을 늘려 19~20시간 단식 후 4~5시간 동안 1.5끼를 먹고 있다. 이 책에는 내가 즐겨 먹는 메뉴들 중 만들기 좋고 맛있게 먹을 수 있는 것들을 엄선해 소개했다.

1끼 레시피들은 전반적으로 양이 많은 편이고 포만감이 높은 식재료들을 사용한다. 그래서 1끼만 먹더라도 하루 종일 그 포만감은 유지되며 1끼만으로도 충분하다는 느낌이 들어 음식에 대한 갈망을 높지 않게 해준다.

하지만 우리가 일상 속에서 쉽게 얻을 수 있는 즐거움 중 하나가 바로 먹는 즐거움이 아닌가! 하루에 세 번 있던 먹는 즐거움이 한 번으로 끝난다면 분명 아쉬움이 남는다. 그 마음이 지속되면 포기하고 싶은 생각도 들 수 있다.

그래서 0.5끼가 필요하다. 먹는 즐거움을 어느 정도 충족시키면서, 0.5끼라서 다이어트 효과나 건강적 이점이 떨어질 우려는 없다. 준비도 가볍다. 미리 만들어 놓을 수도 있다. 또한 1끼에서 약간 부족할 수 있는 미량 영양소도 0.5끼에서 추가로 챙길 수 있다.

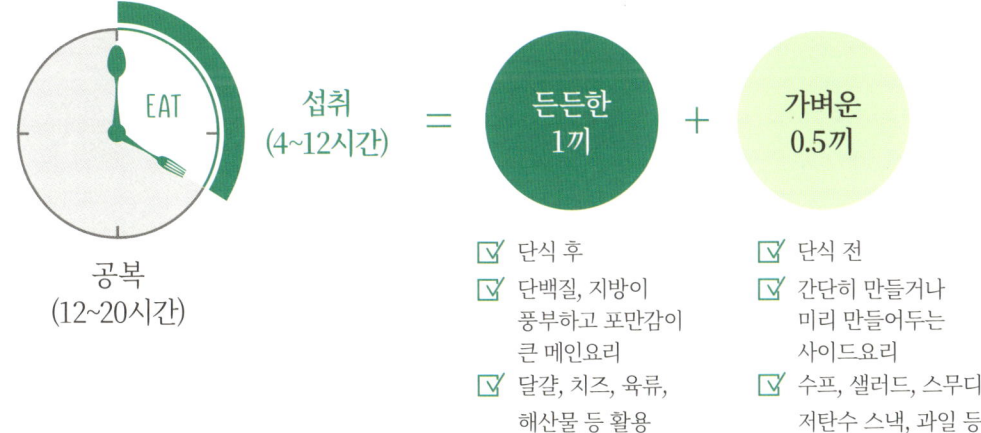

레미레미의 하루 1.5끼 간헐적 단식과 레시피를 추천하는 이유

시간을 아껴주니까!
매일 뭐를 먹을지 고민하고, 음식을 준비해 먹고 뒷정리까지 매끼 약 1시간씩 하루 3시간을 소비한다고 한다. 이 간헐적 단식법은 그 시간을 1시간에서 최대 2시간까지도 줄여준다. 절약한 시간과 에너지는 자신에게 매우 중요한 일을 하는데 사용할 수 있다. 하루 1시간만 절약해도 1년이면 365시간. 365시간은 80권 이상의 책을 읽기에도 충분한 시간이다.

집중력을 높여주니까!
배가 고플 때 집중이 잘 안된다지만, 사실은 반대다. 수렵인들은 공복 상태에서 음식을 찾기 위해 고도의 집중력을 발휘했다. 당연히 지금은 음식을 찾아야 하는 걱정이 없으니 그 공복에서의 집중력을 일을 하거나, 책을 읽거나, 글을 쓰거나 운동을 할 때 사용하면 된다. 연구에 의하면 단식은 '뇌신경생장인자(BDNF)'를 증가시켜 뇌기능을 향상시킨다고 한다.

음식에 대한 갈망을 줄여주니까!
음식을 안 먹으면 '더 먹고 싶어져야 되는 게 아닐까'라고 생각할 수 있지만, 이것 역시 반대다. 간헐적 단식을 1주일, 2주일 늘려 갈수록 배고픔이 현저히 준다. 실제 연구에 따르면 단식을 하면 배고픔을 느끼게 하는 호르몬 '그렐린'의 분비가 줄어든다고 하니, 그 전에 세 끼를 챙겨 먹던 것은 진짜 배가 고파서가 아니라 습관적인 것이었거나 중독이 아니었을까 싶기도 하다.

먹는 즐거움도 충족시켜주니까!
하루 1.5끼 간헐적 단식에서는 음식의 질에 가장 초점을 맞추고 칼로리는 크게 신경 쓰지 않는다. 그렇기 때문에 삼겹살, 스테이크, 치즈, 아보카도 등 흔히 칼로리가 높은 고지방의 음식이어도 맛있게 즐길 수 있다. 그리고 이 책에서는 한식에 국한된 게 아닌 세계의 다양한 레시피들을 소개하기 때문에 골라 먹는 재미 또한 더해진다.

누구나 쉽게 따라할 수 있으니까!
나의 레시피는 대부분 원팬 레시피로 팬 하나에서 모두 완성되며, 불을 사용하지 않아도 되는 것들도 있다. 요리 초보도, 바쁜 이들도 부담 없이 따라 하며 간헐적 단식을 실천할 수 있다.

살찌는 음식도 건강하게 즐길 수 있으니까!
나는 어릴 때부터 먹는 걸 워낙 좋아했다. 그래서 평소 즐기는 피자, 케이크, 쿠키 등을 밀가루, 설탕 등과 같은 재료 대신 영양가 높고 건강한 재료들로 대체해 재현했다. SNS나 유튜브 등에서 특히 반응이 좋았던 것들을 골라 자세히 소개했다.

지속 가능한 다이어트니까!
최고의 다이어트를 찾기보다 나에게 맞는 다이어트법을 찾아야 한다. 하루 1.5끼 간헐적 단식 또한 마찬가지다. 나의 생활 습관과 성향에 잘 맞고 지속이 가능하다면, 최고의 다이어트법이 될 것이다. 대부분 단기간에 살을 빨리 빼는 방법이나 지름길을 찾지만, 이러한 방법들은 지속성이 떨어지며 건강을 해치는 경우가 많다. 단기간의 속성 다이어트는 살을 빼는 가장 느린 길이다.

하루 1.5끼 간헐적 단식, 성공적으로 실천하는 방법

단식 시간에는

1. 처음 시도한다면, 12시간 공복부터 시작하자.

예를 들어, 저녁 8시에 식사를 마치고 다음 날 아침 8시에 첫 식사를 하는 것이다. 이 방법은 매우 쉽기 때문에 대부분 문제 없이 따라할 수 있을 것이다. 만약 너무 쉽다면 바로 공복시간을 13시간, 14시간, 16시간까지 늘려가고 20시간까지도 도전해보자. 단, 절대 성급하게 공복시간을 늘리지는 말자. 실패의 지름길이다.

2. 칼로리 없는 음료(물, 블랙커피, 차 등)만 허용하자.

단식 동안 칼로리 섭취가 없어야 한다. 간혹 음료는 괜찮지 않냐고 하는데, 어떤 음료는 내가 모르는 칼로리가 있을 수 있고 제로 콜라처럼 칼로리가 없다고 표시되어 있어도 인공감미료 때문에 우리 몸에 대사 반응을 일으킬 수 있다. 대사 반응을 한다는 건 단식의 끝을 의미한다. 단식이 끝나면 당연히 단식의 이점도 얻지 못한다. 설탕, 당알콜, 인공감미료, 천연감미료가 첨가된 음료는 안된다.

3. 물을 넉넉히 마셔 수분 보충과 허기를 달래자.

우리 몸의 70%는 물이라 건강을 위해 수분 보충은 중요하다. 수분 섭취가 부족하면 탈수로 이어질 수 있고 두통, 어지러움, 피로, 매스꺼움, 변비 등을 초래하기도 한다. 매일 최소 8잔 이상의 물을 마시자. 특히 단식할 때 물은 허기를 달래주는 역할도 하니 더 좋다. 맹물을 마시는 것에 어려움이 있다면 아무 것도 첨가되지 않은 허브차를 마셔도 되고, 레몬즙을 물에 희석해 마셔도 된다. 블랙커피를 마셔도 되지만, 카페인은 이뇨작용을 일으켜 수분을 많이 배출시킨다. 커피 한 잔에 물은 두 잔 정도 마셔 수분을 보충한다.

4. 전해질이 부족하지 않게 챙기자.

단식을 하는 동안 인슐린 수치가 떨어지면서 나트륨과 수분이 같이 배출되는데, 이는 단식의 자연스러운 현상이다. 결과적으로 두통이나 무기력함을 느낄 수 있다. 몸에 필요한 나트륨을 충분히 보충하지 않으면, 인슐린 저항성이 증가하고 다이어트가 어려워질 수 있다. 전해질 보충제를 섭취하거나, 소금을 희석한 물을 아침에 마셔서 보충하자.

5. 단식 중에는 최대한 바쁘게 시간을 보내자.

단식을 하는 동안 가만히 소파에 앉아 있으면 힘들 수밖에 없다. 처음 간헐적 단식을 시작한 이들에게 단식 중에 배고픔을 잊을 정도로 바쁘게 시간을 보내는 것은 굉장히 좋은 전략이다. 단식은 육체보다 정신적 영향이 더 크다. 정신을 무언가에 집중시키면 음식에 대한 생각을 멀리하는 데 큰 도움이 될 것이다. 그동안 꿈꿔왔던 일을 시작하거나, 밀린 집안일을 끝내거나, 배우고 싶었던 기술을 익히거나, 공부를 하거나, 생산적인 시간을 보낸다. 나도 모르게 시간이 금새 지나간다. 그러나 가만히 앉아 음식 생각을 하거나 TV, 유튜브 먹방을 보는 등 의미 없는 시간을 보낸다면 그 단식시간은 더 괴로울 것이고, 계획했던 단식시간을 채우지 못하게 될 확률은 높아진다.

Tip

불편한 증상을 느낀다면 대처법

간헐적 단식을 시작하고 처음 몇 주 동안 복통, 더부룩함, 두통, 어지러움, 매스꺼움과 같은 불편한 반응이 가끔 있을 수 있어요. 다행히 증상은 시간이 지나면서 거의 사라진답니다. 레몬즙이나 사과사이다식초를 물에 타서 마시면 이런 증상들을 줄이는 데 효과가 있어요.

> **식사 시간에는**

6 **단식 후 첫 식사는 단백질과 지방을 함께 먹자.**
이 영양소를 함께 먹게 되면 두 가지 포만감 호르몬(펩타이드 YY와 CCK)이 동시에 증가해, 다시 단식을 시작할 때 배고픔을 이겨내는 데 엄청난 도움이 된다. 충분한 단백질 섭취는 체지방을 줄이는 동시에 근육을 유지시켜 체성분을 건강하게 하는 데도 도움이 된다.

7 **너무 적게 먹으면 실패한다. 충분한 양을 먹자.**
배가 차게 충분히 먹지 않으면 포만감을 느끼게 하는 호르몬(그렐린)을 절대로 만족시키지 못하고, 단식 동안 배고픔과 싸워야 할지 모른다. 고통스러운 단식은 지속하기 어려운 법이다. 따라서 단식이 끝나고 식사시간이 돌아오면, 그렐린이 좋아하는 묵직한 단백질 식품이나 식이섬유가 풍부한 채소 등 포만감이 큰 음식을 충분히 먹는 것이 중요하다.

8 **허겁지겁 과식은 금물! 느림보 식사를 하자.**
단식을 마친 후 허겁지겁 과식을 하게 되면 혈당과 인슐린 수치가 순식간에 치솟는데, 이는 다이어트 효과를 떨어뜨리는 것은 물론 두통, 복통, 매스꺼움 등을 초래하며 건강에도 안좋은 영향을 줄 수 있다. 과식을 피하기 위해서는 계획이 필요하다.
단식이 끝나면 먹을 수 있는 건강한 과일이나 채소가 가득한 식사를 준비한다.
먹을 때는 천천히 잘 씹으며 쉬엄쉬엄 음식을 먹으면서 소화를 시키고 물을 마신다.
이런 식사 습관은 포만감을 느끼게 도와주어 과식도 줄일 수 있다.

9 **금방 배고프게 하는 가공식품, 정크푸드는 먹지 말자.**
영양가 떨어지고 질 낮은 가공식품, 정크푸드는 혈당을 자극하고 포만감도 오래 유지시키지 못한다. 단식의 성공은 단식을 하지 않는 시간 동안 무엇을 먹느냐에 크게 달려있다.

10 **단식 후 든든한 1끼, 단식 전 가벼운 0.5끼를 배치하자.**
단식 후 첫 끼로 1끼를 든든히 먹고, 다시 단식을 시작하기 전 간단하게 0.5끼를 섭취한다(23쪽 참고). 이 두 식사의 순서는 바꿔도 상관없지만 아무래도 순서가 바뀌면 배고픔과 싸워야 하는 시간이 길어져 더 힘들 수도 있으니 먼저 배불리 먹는 것을 추천한다. 또한 취침시간 가까이 배가 더부룩하게 불러있다면 숙면에 방해가 될 수 있다.

> **그밖의 생활습관은**

11 **초심자라면 무리한 운동은 금물! 20~30분 산책만 하자.**
단식을 하면 살이 빠지면서 약간의 근육량이 주는 건 당연하다. 이때 하는 근력 운동은 근손실을 최소화하고, 근육량을 늘려주기도 한다. 단, 너무 과한 운동은 땀을 많이 흘려

체내 전해질 균형이 깨지고 몸에 스트레스가 더해진다. 이는 혈당을 자극해 식욕을 촉진하니, 간헐적 단식에 완전히 적응한 것이 아니라면 20~30분 정도 가벼운 산책만 하는 것이 좋다.

12 간헐적 단식에 익숙해진 후에는 아침 공복 운동을 해보자.

운동에 필요한 에너지 공급을 위해 식사가 중요하다고 생각하지만, 사실 그렇지만은 않다. 식사를 하지 않아도 우리의 간은 '포도당 신생합성'을 통해 에너지를 공급하고, 긴 단식을 하게 되면 근육이 지방산을 에너지로 직접 사용하기도 한다. 또한 간헐적 단식을 하는 동안은 아드레날린 수치가 높아져 운동하기에 이상적인 상태가 된다.

개인적으로는 아침에 일어나자마자 물이나 커피를 마시고 하는 공복 운동을 선호한다. 공복 운동은 효율적인 지방 사용, 지구력 상승, 성장 호르몬 활성화 등의 장점이 있다. 무엇보다 공복 운동을 하면 음식으로 인한 더부룩함, 트림, 방귀, 복통 같은 불편함도 피할 수 있어 집중력이 높고, 운동 효과도 더 좋다고 느낀다.

13 규칙적인 간헐적 단식 식사법으로 하루 7~9시간 숙면을 취하자.

간헐적 단식은 생체 리듬의 균형을 잡아주어 숙면에 도움을 준다. 연구에 따르면 단식시간을 늘리면 밤에 일어나는 빈도가 줄어들고 전반적인 수면의 질이 향상될 수 있다고 한다. 간헐적 단식을 규칙적으로 하는 사람들은 수면 중에 성장호르몬이 더 분비되는데, 이 호르몬은 지방을 태울 뿐 아니라 세포 회복 및 근육 생성에 도움을 주어 자는 동안 몸이 충분히 회복 및 치유되고, 그 덕에 잠에서 깨어났을 때 에너지와 집중력이 더 향상되는 선순환이 이뤄진다.

불규칙한 식습관은 몸의 생체 리듬에 부정적인 영향을 준다. 특히 불규칙한 식사시간은 체온, 주의력, 기분에 안 좋은 영향을 주고, 숙면마저 방해한다. 특히 취침시간과 너무 가깝게 음식을 먹게 되면 체온이 오르기 때문에 잠들기가 어려워진다. 간헐적 단식을 실천하는 사람에게도 규칙적인 식습관이 필요한 이유이다.

하루 7~9시간 정도의 수면은 최적의 건강상태를 유지하기에 좋다. 늦은 오후 카페인 섭취는 피하고, 규칙적인 운동을 하고, 실내를 최대한 어둡고 시원하게 하는 등의 방법은 숙면에 도움이 될 것이다. 잠자기 전 마그네슘제를 섭취하는 것도 좋다.

14 최소 1개월은 실천하자. 그래야 내 것이 된다.

간헐적 단식을 시도하는 많은 사람들이 한 달도 채우지 못하고 쉽게 포기한다. 몸이 적응하는데 시간이 걸리고 체중 감량과 여러 건강상의 이점을 실제로 경험하기까지 최소 1~3개월의 시간이 필요하니 인내심을 갖고 시도해보자.

Plus

간헐적 단식을 처음 시작할 때,
중간에 슬럼프에 빠졌을 때

읽어보면 위로가 될 레미레미의 조언

어떠한 새로운 것을 시도하고 꾸준함을 유지하는 데 있어 가장 중요한 것은 마음가짐이다. 올바른 의도와 마음가짐이 행동과 일치했을 때 우리가 목표를 이룰 확률은 더욱 높아진다. 자신을 자책하며, '어렵다', '불가능하다', '못한다', '하기 싫다'와 같은 말을 반복하면서 우연히 목표를 이루는 사람은 아직 단 한 명도 보지 못했다. 또 한편으로는 목표에 엄청난 집착을 하고 하룻밤 사이의 몸무게 숫자 변화에 예민하게 반응하여 그 과정을 스트레스로 만들어 버리는 경우도 허다하다. 간헐적 단식이라는 시도를 새로 해보기에 앞서 여기 마음가짐과 생각의 전환 팁을 몇 가지 소개한다.

왜 간헐적 단식을 하는지 확실한 '이유'가 있어야 한다.
확실한 이유가 없다면, 우선 순위에서 밀려나게 될 것이다. 단기적인 이유보다 장기적인 이유가 좋고, 외적 동기보다는 내적 동기가 더 좋다. 만약 단순히 좋을 것 같다고 대답을 한다면 제대로 안할 가능성이 매우 높다. 정확한 이유가 있다는 건 중요하다는 것을 의미한다. 살을 빼는 것이 이유라고 한다면, 그건 단기적인 것이고 외적 동기가 된다. 이러한 이유로 시작한다면 원하는 목표를 이루고 나서는 다시 예전 모습으로 돌아갈 가능성이 높다. 요요를 겪는 대부분의 사람들이 이러한 단기적인 이유로 다이어트를 시작하는 걸 보면 알 수 있다. 더 좋은 이유 설정은 장기적이고 내적 동기여야 한다. 예를 들어, 나의 이유는 내가 좋아하는 여행을 더 즐기기 위해, 더 집중력을 갖고 높은 업무 능률을 유지하기 위해, 사랑하는 사람들과 더 즐거운 시간을 보내기 위해, 노후에 병으로 고생하지 않기 위해 등이 있다. 이러한 장기적이고 내적인 동기는 계속 나아갈 수 있게끔 하는 매우 강력한 힘이 될 것이다.

현실적인 기대치를 갖는다.
쉽게 포기하는 사람들의 특징 중 하나는 기대치이다. 예상보다 체중 감량 속도가 느릴 수도 있고, 체중 감량을 하더라도 내가 기대했던 모습이 아닐 수도 있다. 체중계의 숫자나 나의 모습에 대한 기대치가 높으면 높을수록 실망감의 여지도 더 높아진다. 대신 기대치를 낮추고 작더라도 긍정적인 변화에 더 집중해본다. 느리더라도 건강해지고 있다는 것을 느껴본다. 체중계 대신 매일 아침 잠에서 깰 때의 기분, 일을 할 때의 집중력, 옷을 입었을 때의 착용감, 운동할 때 체력 등의 변화에 집중한다.

몸무게를 목표로 삼는 것이 아니라 행동을 반복하는 것을 목표로 한다.
몸무게는 경과를 측정하는 훌륭한 가늠자가 될 수 있다. 하지만 체중은 하룻밤 사이에도 크게는 2kg까지도 차이가 날 수 있기에 신뢰할 수 있는 도구는 아니다. 따라서 몸무게 숫자에 대한 집착은 건강하지 않은 선택으로 이어질 수 있고 큰 의미를 두지 않는 것이 좋다. 체중이 줄어드는 것보다 좋은 건 건강해지는 것이다. 그리고 체중이 적게 나간다고 건강하다는 것을 항상 의미하지는 않는다. 목표는 건강한 습관을 형성하는 것이 되어야 한다. 건강한 습관이 형성되면 늘 건강한 몸무게를 유지하게 될 것이다. 습관이 형성된다면 슬럼프도 찾아오지 않을 것이다. 양치를 하는데 슬럼프가 없는 것처럼 말이다.

잃는 게 있으면 얻는 게 있다는 것을 기억한다.
모든 선택에는 균형이 있다. 지금 당장 먹고 싶은 치킨 대신에 운동을 선택했다면 치킨은 잃지만 건강은 얻는다. 소파에 누워서 넷플릭스 드라마를 볼 수도 있지만 책을 읽는다면, 넷플릭스 드라마는 머릿속에 없지만 지식을 얻는다. 하지만 우리가 잃는 것에 대해서만 생각을 한다면 당신의 간헐적 단식 여정은 매우 힘들어질 것이다. 긍정적인 부분에 집중을 한다면 원하는 목표를 이루는 것이 훨씬 수월해진다. 당장의 '잃는 것'과 추후에 '얻는 것', 이 둘 중 어떤 것에 집중할지는 우리가 선택할 수 있다.

완벽주의에서 벗어난다.
완벽주의는 강박으로 이어지기 쉽다. 간혹 어떤 사람들은 음식을 1g 단위까지 맞춰야 완벽한 결과를 얻을 수 있다고 생각하는데, 이건 굉장한 스트레스가 될 것이다. 이런 성향은 실수에 대한 융통성이 부족하고 작은 실수에도 스스로를 자책하며 괴로워한다. 가끔은 식단 대신 정크푸드를 먹어도 상관없다. 과했을 때 살이 찌고 문제가 될 뿐이다. 대신 자신만의 적당한 기준을 세워본다.

의지력보다 강력한 건 '친구력'이다.
친구 따라 강남 간다는 말이 있다. 술 좋아하는 친구들과 늘 어울리다보면 나도 술꾼이 된다. 등산을 좋아하는 친구들과 시간을 보내면 나도 어느새 산악인이 된다. 사회적인 동물인 인간은 시간을 자주 보내는 사람들에게 많은 영향을 받을 수밖에 없다. 자잘한 행동뿐 아니라 가치관, 관점, 표정, 말투, 생각 등 모두 닮는다. 따라서 자주 보는 친구들이 건강한 삶을 사는 데 도움이 안 되는 친구들이라면, 건강한 친구들을 더 자주 만난다.

Menu

"7년째 지키고 있는 저의 식단 원칙과
 자주 사용하는 식재료를 소개합니다."

하루 1.5끼 간헐적 단식
레미레미의 식단 구성 원칙

식단을 짜고, 장을 보고, 레시피를 따라 하기에 앞서
알아두어야 할 몇 가지 정보들을 모았다.

레미레미의 하루 1.5끼 간헐적 단식 식단 포인트	요리 주재료는 육류, 해산물, 달걀, 유제품, 채소, 과일 등 자연식품으로 이루어진다. 고구마, 단호박 등 전분성 채소도 소량 섭취하며 설탕, 밀가루, 백미 등 정제당과 곡물은 최대한 지양한다. 채소와 과일의 경우, 하루에 최소 두세 가지의 색을 섭취해 비타민, 무기질, 항산화물질 등의 영양소를 골고루 먹도록 노력한다.

- 칼로리 섭취는 충분히 하기.
- 가공식품은 최소로! 자연식품으로 요리하기.
- 채소는 다양한 색깔로 조합해 넉넉히 섭취하기.
- 포만감이 크고 근손실도 줄여주는 단백질 식품은 매일 먹기.
- 지방을 적절히 먹어 몸이 근육 대신 지방을 에너지원으로 사용하게 하기.
- 탄수화물을 꼭 먹어야 한다면 고구마, 단호박 등 복합 탄수화물 재료로 섭취하기.
- 설탕, 밀가루, 쌀 등 정제 탄수화물 섭취가 많으면 단식을 힘들게 할 뿐 아니라 혈당 자극, 집중력 감소, 무기력, 기분 저하 등을 초래하니 최대한 적게 먹기.
- 소금을 두려워 하지 말고 내 입맛에 맞게 간하기.
- 당류 적고 가공도 낮고 보관성 좋은 소스, 육수, 향신료 활용해 맛있게 요리하기.

자연식품을 먹는 것이 중요한 이유

같은 칼로리라도 영양적인 가치가 훨씬 높기 때문이다.
200kcal의 가공 감자칩보다 200kcal의 스테이크가 훨씬 영양이 풍부하다. 우리가 음식을 먹는 이유는 몸에 필요한 에너지를 공급하고 비타민, 무기질을 포함한 다양한 영양소를 섭취해 몸이 재기능을 할 수 있도록 하기 위함이다.

포만감이 크고 오래 지속되기 때문이다.
단백질, 지방, 식이섬유가 풍부한 자연식품은 가공식품에 비해 포만감이 커서 단식을 하는 동안에도 배고픔을 견뎌내기 쉽다. 설탕과 정제 탄수화물 함량이 많은 가공식품은 혈당을 자극하여 금방 허기를 느끼게 만들지만, 이런 성분이 적은 자연식품은 혈당 자극이 적어 포만감이 오래 유지된다. 포만감이 높게 유지된다는 것은 단식을 쉽게 해주기도 하지만, 과식을 줄여주기도 한다는 것을 의미한다.

키토제닉, 팔레오 식단과 다른 점

레미레미의 하루 1.5끼 간헐적 단식은 저탄수화물 고지방식이라고 불리는 '키토제닉 식단(Ketogenic diet)'과 다소 비슷하지만 과일을 즐겨 먹는 것이 다르다. 또한 구석기 식단이라고 불리는 '팔레오 식단(Paleo diet)'과도 다소 비슷하지만 고구마, 단호박과 같은 전분성 채소도 소량 먹는 점에서 차이가 난다.

이 책에서 특히 자주 사용한 식재료들

아래 재료들은 이 책에 자주 사용한 것들이니 유통기한이 긴 재료나 소스, 양념들은 레시피를 따라 하며 한두 개씩 구비해두자. 소량 들어가는 재료의 경우에는 각 레시피에 대체 재료나 생략 가능 여부를 적어 놓았으니 일단 집에 있는 것부터 활용해도 된다.
단, 단맛 양념의 경우 흡수가 빠른 설탕 대신 혈당을 자극하지 않는 감미료를 쓸 것을 권한다.
허브나 향신료 가루는 다양하게 준비해 활용해도 좋고, 선호하는 것 위주로 대체해도 된다.

단백질식품	달걀, 치즈(모차렐라, 부라타, 페타 등), 그릭 요거트, 쇠고기, 돼지고기, 닭고기, 양고기, 새우, 연어, 아몬드밀크, 코코넛밀크, 단백질파우더 * 대부분의 단백질식품은 지방도 함유하고 있다. * 아몬드밀크와 코코넛밀크는 서로 대체할 수 있다.
지방식품	아보카도, 견과류, 씨앗류, 생크림(또는 코코넛크림), 사워크림, 버터, 견과버터(캐슈너트, 아몬드, 땅콩 등), 아보카도오일(또는 기버터), MCT오일(또는 코코넛오일), 올리브오일, 참기름
탄수화물식품	복합 탄수화물식품(단호박, 고구마 등), 당 함량이 높지 않은 과일(블루베리, 딸기, 사과, 복숭아 등)
채소	다양한 색깔의 채소들(가지, 애호박, 당근, 브로콜리, 콜리플라워, 양파, 토마토 등), 콜리플라워 라이스, 버섯류
토마토 가공품	토마토퓨레, 토마토페이스트, 토마토다이스, 선드라이드 토마토, 토마토소스
육수	비프스톡(쇠고기육수), 치킨스톡(닭육수), 멸치국물티백
소스 및 양념	**단맛 /** 알룰로스, 에리스리톨(또는 알룰로스가루), 무설탕 메이플시럽 * 알룰로스와 에리스리톨의 당도는 설탕의 약 70% 정도이다. 시중 제품 중 설탕 1 : 1 대체 가능하다고 적혀 있는 것을 구입하면 다른 레시피에서 설탕 대신 그대로 대체할 수 있어 편하다. **짠맛 /** 소금, 양조간장(또는 코코넛 아미노), 피시소스 **신맛 /** 레몬즙, 라임즙, 사과사이다식초, 레드와인식초, 발사믹식초, 발사믹 글레이즈 **매운맛 /** 스리라차소스, 타바스코소스, 디종 머스터드, 크러시드 페퍼 **허브 /** 생허브(딜, 민트, 바질, 고수 등), 말린 허브가루(바질, 오레가노가루, 파슬리, 타임, 로즈마리 등) **향신료 및 기타 /** 이탈리안 시즈닝, 파프리카파우더, 마늘가루, 생강가루, 양파가루, 가람마살라(또는 강황이나 커리가루), 레드커리 페이스트, 큐민가루, 넛맥가루, 시나몬가루
베이킹 재료	아몬드가루, 코코넛가루, 베이킹파우더, 베이킹소다, 코코아파우더, 다크 초콜릿, 잔탄검, 바닐라 익스트랙, 아몬드 익스트랙 * 아몬드가루와 코코넛가루는 수분 흡수율에 차이가 나니 대체하지 않는다. * 소량 들어가는 잔탄검이나 익스트랙은 풍미, 질감이 조금 달라지지만 생략해도 된다.

Tip
생재료와 말린 재료 대체하는 법

1 생허브를 말린 허브가루로 대체할 경우 1/3로 줄여요.
* 다진 생허브 1큰술 = 말린 허브가루 1/3큰술

2 마늘, 양파, 생강 등 향신채소를 말린 가루로 대체할 경우 1/4로 줄여요.
* 다진 향신채소 1작은술 = 말린 가루 1/4작은술

부라타치즈
모차렐라치즈와 크림을 혼합해 만든 겉은 쫄깃하고 속은 크리미한 고지방 치즈.

페타치즈
소금물에 숙성시킨 짭짤 담백한 치즈. 다른 치즈로 대체 가능.

사워크림
생크림을 발효한 새콤한 크림. 꾸덕한 그릭 요거트로 대체 가능.

캐슈너트버터
순하고 담백한 견과버터. 풍미가 다르지만 아몬드나 땅콩버터 대체 가능.

아보카도오일
발연점이 높고 불포화지방산이 많아 요리에 활용하기 좋은 건강한 기름.

MCT오일
몸에서 빨리 분해, 에너지로 쓰이는 중간사슬지방산오일. 코코넛오일 대체 가능.

콜리플라워 라이스
콜리플라워를 잘게 다져 밥 대신 활용하게 만든 것. 직접 만들어도 좋음.

토마토퓨레
과육만 으깨 소금으로 간한 것. 퓨레를 졸여 수분을 줄인 것이 페이스트.

토마토다이스
잘 익은 토마토를 껍질 벗겨 썬 것. 토마토홀 통조림 다진 것으로 대체 가능.

선드라이드 토마토
말린 토마토에 소금, 향신료를 더해 올리브오일에 절인 것.

알룰로스(액상/가루)
무화과, 포도 등에서 추출한 칼로리 없는 대체 감미료. 에리스리톨 대체 가능.

피시소스
감칠맛과 단맛이 있는 동남아 발효액젓. 참치, 멸치, 까나리 액젓으로 대체 가능.

사과사이다식초
다이어트, 혈당 관리에 유용한, 사과사이다를 발효시킨 식초. 일반 식초 대체 가능.

스리라차소스
고추와 마늘로 만든 동남아식 칠리소스. 타바스코나 핫소스로 대체 가능.

레드커리 페이스트
향신료, 향신채소로 만든 걸쭉한 양념. 고추가 듬뿍 들어가 매운맛이 특징.

잔탄검
식품 점도를 높이고 유화도 잘 되게 하는 천연 혼합 첨가물. 생략 가능.

바닐라 익스트랙
바닐라빈의 풍미를 알코올로 추출한 것. 달걀 비린내 잡을 때 효과적. 생략 가능.

아몬드 익스트랙
아몬드오일로 만든 것으로 고소한 풍미를 더하는 용도. 생략 가능.

PART TWO

RECIPE

단식 후 든든한 1끼 메인요리

달걀, 치즈, 육류, 해산물 등으로 단백질과 지방이
풍부하게 만든 포만감이 큰 메인요리

하루 1끼
main-dish

할라페뇨 버섯오믈렛

고기를 많이 먹어 질렸을 때, 가끔 달걀로 단백질을 채우는 것도 좋다. 이 오믈렛은 친구의 강력 추천 메뉴이기도 한데, 어느날 한 번 만들어주었더니 간단하고 맛있다며 책에 꼭 실었으면 좋겠다고 전해왔다. 그 친구는 시간이 날 때마다 계속 만들어 먹는 중이라고 한다. 그만큼 쉽고 만족도가 높은 레시피이다.

EGG

1~1.5인분 / 25분

- 달걀 4개
- 양파 1개(200g)
- 버섯 100g(표고버섯, 양송이버섯 등)
- 할라페뇨 슬라이스 2큰술
- 버터 2큰술(20g) + 1큰술(10g)
- 다진 마늘 1작은술
- 다진 파슬리 2작은술
  (또는 말린 허브가루 2/3작은술)
- 소금 약간
- 후춧가루 약간
- 아보카도오일 1큰술
- 슈레드 피자치즈 약 3큰술
  (또는 그뤼에르치즈, 21g)
- 다진 파슬리 1작은술
  (또는 다진 부추나 허브, 생략 가능)

1 양파는 채 썰고 버섯은 먹기 좋은 크기로 썬다.
　볼에 달걀, 소금(약간)을 넣고 푼다.

2 달군 팬에 버터(2큰술)를 넣어 녹인 후 채 썬 양파를 넣고 약한 불에서 10분간 볶는다.

3 모둠 버섯, 할라페뇨 슬라이스, 다진 마늘, 다진 파슬리를 넣고 3분간 볶은 후
　소금, 후춧가루를 약간씩 넣고 섞어 덜어둔다.

4 ③의 팬에 아보카도오일, 버터(1큰술)를 넣고 녹인 후 ①의 달걀물을 넣고 약한 불에서 90% 정도 익힌다.

5 ③, 슈레드 피자치즈를 한쪽에 올리고 달걀의 반쪽 면을 접어 익힌 후 그릇에 담고 다진 파슬리를 뿌린다.

하루 1끼
main-dish

아보카도와 멕시칸오믈렛

아보카도와 사워크림을 곁들인 멕시칸 스타일의 오믈렛. 달걀과 토마토는 개인적으로 좋아하는 조합인데, 달걀이 가진 특유의 느끼함을 토마토의 산미가 보완해주기 때문이다. 이대로 먹어도 좋지만 조금 더 포만감을 채우고 싶다면 채소와 함께 삶은 콩이나 옥수수를 더해도 좋다.

1~1.5인분 / 20분

- 달걀 3개
- 깍뚝 썬 토마토 1/2개분(75g)
- 다진 양파 3큰술
- 다진 파프리카 4큰술
- 소금 약간
- 후춧가루 약간
- 아보카도오일 1큰술 + 1큰술
- 슈레드 피자치즈 4큰술
  (또는 슈레드 체다치즈, 40g)

토핑
- 아보카도 1/2개(105g)
- 사워크림 1큰술(또는 그릭 요거트)
- 고수 약간

1 아보카도는 껍질과 씨를 제거한 후 먹기 좋은 크기로 썬다.
  볼에 달걀, 소금을 넣어 푼다.

2 달군 팬에 아보카도오일을 두르고 깍둑 썬 토마토, 다진 양파, 다진 파프리카, 소금,
  후춧가루를 넣어 중간 불에서 3~4분간 볶아 덜어둔다.

3 ②의 팬을 키친타월로 닦아내고 중간 불에 달궈 아보카도오일을 두른 후
  ①의 달걀물을 부어 골고루 익을 수 있도록 저어가며 넓게 편다.
  ★ 1~2분간 달걀이 익을 때까지 가만히 둬요.

4 ②, 슈레드 피자치즈를 달걀의 반쪽 면에 올린 후 치즈가 녹기 시작할 때까지 기다린다.
  달걀을 접어 오믈렛을 만들어 그릇에 담고 아보카도, 사워크림, 고수를 곁들인다.

마스카르포네 프리타타

마스카르포네치즈를 생각하면 대부분 사람은 티라미수를 생각하곤 한다. 실제로 단맛이 있는 치즈로 디저트에 흔히 사용되지만, 이탈리아식 오믈렛인 프리타타에도 잘 어울린다. 고온에 구워진 마스카르포네치즈는 더욱 더 고소한 맛을 낸다. 프리타타를 만들 때는 오븐에 바로 넣어도 되는 주물팬을 사용하면 더 편리하게 만들 수 있다.

1~2인분 / 35분
- 달걀 4개
- 양파 1개(200g)
- 방울토마토 약 20개(300g)
- 슈레드 피자치즈 1/2컵(50g)
- 생크림 3큰술(또는 코코넛크림)
- 버터 1큰술(10g)
- 이탈리안 시즈닝 1/2작은술
  (또는 다른 말린 허브가루)
- 소금 약간
- 후춧가루 약간
- 마스카르포네치즈 125g
  (또는 리코타치즈, 크림치즈)
- 다진 파슬리 약간(생략 가능)

1. 양파는 얇게 채 썰고 방울토마토는 반으로 썬다.
2. 볼에 달걀, 슈레드 피자치즈, 생크림, 소금을 넣고 섞는다.
   오븐은 200℃로 예열한다.
3. 주물팬을 중간 불로 달궈 버터를 넣어 녹인 후 양파를 넣어
   갈색이 될 때까지 10분간 볶는다.
4. 방울토마토, 이탈리안 시즈닝을 넣고 5분간 볶다가 소금, 후춧가루를 넣는다.
5. ②의 달걀물을 붓고 뒤적인 후 불을 끈다. 마스카르포네치즈를 골고루 올려
   예열한 오븐에서 10~15분간 구운 후 다진 파슬리를 올린다.
   ★ 오븐용 주물팬이 없다면 일반 팬과 오븐 용기를 함께 사용해요.
   오븐 용기에 달걀과 채소 볶은 것을 옮겨 담고 나머지 과정은 동일하게 진행해요.

Tip   마스카르포네치즈

이탈리아 크림치즈의 일종으로
티라미수와 같은 디저트에
흔히 사용되는 재료이지만,
일반 요리에도 사용돼요.
약간의 단맛이 있으면서
크림치즈보다 부드러운 맛을 내요.

하루 1끼
main-dish

꽈리고추 통마늘 닭볶음

달콤한 간장소스와 매콤한 꽈리고추의 만남! 매운 것을 선호하지 않음에도 이 메뉴를 좋아하는 이유는 다른 고추에 비해 덜 매운 꽈리고추 덕분이다. 맵지 않은 꽈리고추를 골라 구입하는 것도 중요하지만 제일 중요한 것은 아삭한 식감을 살리는 것. 센 불에서 빠르게 볶아내야 아삭한 꽈리고추를 그대로 느낄 수 있다.

CHICKEN

1~2인분 / 15분

- 닭다리살 4장(또는 닭가슴살, 400g)
- 대파 15cm 3개
- 꽈리고추 약 10개(또는 오이고추, 피망, 70g)
- 아보카도오일 2큰술
- 홍고추 1~2개
  (또는 페페론치노, 쥐똥고추)
- 마늘 10~15개
- 알룰로스 1큰술
- 양조간장 약 2와 1/2큰술
- 물 약 3/4컵(170㎖)
- 다진 마늘 1큰술
- 후춧가루 약간

1. 대파, 꽈리고추는 4cm 길이로 썬다. 닭다리살은 한입 크기로 썬다.
2. 달군 팬에 아보카도오일을 두르고 홍고추, 마늘을 넣어 센 불에서 1분간 볶은 후 닭다리살을 넣고 익어 색이 바뀔 때까지 볶는다.
3. 알룰로스를 넣고 중간불에서 1분간 볶는다. 팬의 가장자리에 양조간장을 부어 1~2분간 빠르게 볶는다.
4. 물, 다진 마늘을 넣고 센 불에서 국물이 자작하게 남을 때까지 7~8분간 끓인 후 대파, 꽈리고추, 후춧가루를 넣고 30초간 볶는다.
   * 대파와 꽈리고추의 아삭한 식감이 살도록 센 불에 짧게 볶아요.

하루 1끼
main-dish

닭다리살 채소볶음과 갈릭 요거트소스

누구나 쉽게 만들 수 있는 닭다리살 채소볶음이 소스 하나로 더 특별하게 탄생했다. 은은한 마늘 향이 배어 있는 갈릭 요거트소스 하나면 평범한 요리도 그리스풍의 근사한 요리로 업그레이드된다. 채소볶음에 들어가는 채소는 취향에 맞게 다양한 채소로 대체해도 좋다.

CHICKEN

1~2인분 / 30분
- 닭다리살 4장(또는 닭가슴살, 400g)
- 가지 약 1/3개(40g)
- 애호박 약 1/4개(60g)
- 미니 단호박 1/2개(150g)
- 아보카도오일 2큰술
- 이탈리안 시즈닝 1/2작은술
  (또는 다른 말린 허브가루)
- 소금 1/2작은술
- 후춧가루 약간

갈릭 요거트소스
- 그릭 요거트 약 3/4컵
- 다진 마늘 2작은술
- 소금 약간
- 후춧가루 약간

1 닭다리살은 먹기 좋은 크기로 썬다. 작은 볼에 소스 재료를 넣고 섞는다.

2 가지, 애호박은 길이로 2등분한 후 먹기 좋은 크기로 썬다.
미니 단호박은 씨를 제거한 후 먹기 좋은 크기로 썬다.

3 달군 팬에 아보카도오일을 두르고 닭다리살을 넣어 중간 불에서 10~14분간
뒤집어가며 구워 덜어둔다.

4 ③의 팬에 가지, 애호박, 단호박을 넣고 중간 불에서 5~6분간 볶는다.
★ 기름이 부족하다면 아보카도오일을 추가해요.

5 ③, 이탈리안 시즈닝, 소금, 후춧가루를 넣고 2~3분간 볶는다. 그릇에 소스를 깔고 올린다.

하루 1끼
main-dish

프렌치 어니언치킨

프렌치 어니언수프는 많은 재료 없이 양파의 풍미만으로 맛을 끌어내곤 한다. 이 치킨도 마찬가지다. 그만큼 양파의 역할이 중요한데, 양파를 충분히 볶아 캐러멜라이징을 해야 양파 본연의 달콤한 맛과 깊은 맛이 잘 살아날 수 있다. 양파를 볶을 때는 타지 않도록 세심한 불 조절이 필수이다.

CHICKEN

1~2인분 / 50분
- 닭다리살 4장(또는 닭가슴살, 400g)
- 양파 1개(200g)
- 아보카도오일 2큰술 + 약간
- 말린 타임 1/2작은술
  (또는 다른 말린 허브가루)
- 쇠고기육수 약 1/2컵
  (Tip 참고, 또는 닭육수, 120㎖)
- 그뤼에르치즈 100g
  (또는 슈레드 피자치즈, 파르미지아노 레지아노)

고기 밑간
- 소금 약간
- 후춧가루 약간

1 양파는 곱게 채썬다. 볼에 닭다리살, 밑간 재료를 넣고 섞는다.

2 달군 팬에 아보카도오일(2큰술)을 두르고 채 썬 양파를 넣어
갈색으로 캐러멜라이징이 되도록 중간 불에서 10~12분간 볶아 덜어둔다.

3 ②의 팬에 아보카도오일(약간)을 두르고 닭다리살을 넣어 10~14분간 뒤집어가며 굽는다.

4 쇠고기육수, 말린 타임, ②의 양파를 넣고
약한 불에서 3~4분간 끓인다. 오븐은 220℃로 예열한다.

5 오븐 용기에 ④를 담아 그뤼에르치즈를 올리고 예열한 오븐에 넣어 3~4분간 치즈를 녹인다.
  * 오븐이 없으면 토치나 뚜껑을 덮어 여열로 치즈를 녹여요.

Tip 쇠고기육수 준비하기

쇠고기육수는 시판 비프스톡을 사용했어요. 포장지에 적힌 비율대로 분량의 물과 희석해요.

하루 1끼
main-dish

선드라이드 토마토치킨

단순한 토마토소스 치킨이 아니다. 이 메뉴의 킥은 선드라이드 토마토다. 햇빛에 말리는 단순한 과정이 더해졌을 뿐인데, 토마토가 가진 모든 감칠맛이 50배 이상 높아진 느낌이다. 그래서 선드라이드 토마토는 빼놓을 수도, 대체될 수도 없다. 선드라이드 토마토를 고를 때는 올리브오일에 담겨 있는 제품이 가장 신선하고 건강하니 추천한다.

CHICKEN

1~2인분 / 25분 + 밑간하기 10분

- 닭다리살 4장(또는 닭가슴살, 400g)
- 아보카도오일 2큰술
- 다진 양파 1/2개분(100g)
- 다진 마늘 1큰술
- 선드라이드 토마토 3~5개
- 토마토퓨레 약 1과 1/4컵(250㎖)
- 크러시드 페퍼 1작은술
- 이탈리안 시즈닝 1/2작은술
  (또는 다른 말린 허브가루)

- 모차렐라 슬라이스치즈 4장
  (또는 슈레드 피자치즈 8큰술, 80g)
- 다진 쪽파 약간
  (또는 다른 말린 허브가루)

고기 밑간
- 이탈리안 시즈닝 1작은술
  (또는 다른 말린 허브가루)

- 파프리카가루 1/2작은술
  (또는 고운 고춧가루)
- 마늘가루 1/2작은술
  (또는 다진 마늘 2작은술)
- 양파가루 1/2작은술
  (또는 다진 양파 2작은술)
- 소금 약간
- 후춧가루 약간

1 볼에 닭다리살, 밑간 재료를 넣고 섞어 10분간 재운다.
2 달군 팬에 아보카도오일을 두르고 ①의 닭다리살을 넣어 중간 불에서 뒤집어가며 10~14분간 구워 덜어둔다.
3 ②의 팬의 남은 기름에 다진 양파를 넣고 2~3분간 볶는다. 다진 마늘과 선드라이드 토마토를 넣고 2분간 볶는다.
4 토마토퓨레, 크러시드 페퍼, 이탈리안 시즈닝을 넣고 5분간 끓인다.
5 ②의 닭다리살을 넣고 윗면에 모차렐라 슬라이스치즈를 올린 후 뚜껑을 덮어 약한 불로 치즈를 녹이고 다진 쪽파를 뿌린다.

Tip 오븐 활용하기

과정 ⑤에서 오븐 용기에 닭다리살, 소스를 담고 윗면에 치즈를 올린 후 200℃로 예열한 오븐이나 에어프라이어에 치즈가 녹을 정도로 데워요.

하루 1끼
main-dish

크리미 토마토치킨과 시금치

'크리미'라는 메뉴명부터 느낄 수 있듯이 많은 생크림이 들어간 요리. 자칫 부담스럽다는 생각이 들 수도 있지만 소금과 산미, 지방과 열(불)이 적절한 균형을 맞췄다.
느끼한 맛에 취약하다면 생크림을 조금 줄이고, 선드라이드 토마토와 디종 머스터드를 더 추가해 산뜻함을 더해도 좋다.

CHICKEN

1~2인분 / 25분 + 밑간하기 10분
- 닭다리살 4장(또는 닭가슴살, 400g)
- 아보카도오일 1큰술
- 다진 마늘 1큰술
- 선드라이드 토마토 4~6개
- 디종 머스터드 1 작은술

- 생크림 1과 1/4컵
  (또는 코코넛크림, 250㎖)
- 시금치 1줌(50g)
- 파르미지아노 레지아노 간 것 5큰술
  (또는 그라나파다노, 30g)
- 후춧가루 약간

고기 밑간
- 아보카도오일 1큰술
- 파프리카가루 1/2작은술
  (또는 고운 고춧가루)
- 양파가루 1/2작은술
  (또는 다진 양파 2작은술)
- 소금 약간
- 후춧가루 약간

1. 볼에 닭다리살, 밑간 재료를 넣고 섞어 10분간 재운다.
2. 달군 팬에 아보카도오일을 두르고 ①의 닭다리살을 넣어
중간 불에서 10~14분간 뒤집어가며 90% 정도 구워 덜어둔다.
3. ②의 팬에 다진 마늘을 넣고 1분간 볶는다. 선드라이드 토마토와 디종 머스터드를 넣고 1분간 볶는다.
   * 팬에 기름이 부족하다면 아보카도오일을 넣어 조금 더해요.
4. 생크림을 넣고 끓어오르면 약한 불에서 2분간 저어가며 끓인다.
5. 시금치를 넣어 1분간 끓인다. 파르미지아노 레지아노 간 것을 넣고 치즈가 녹을 때까지 1분간 끓인다.
6. ⑤에 ②의 닭다리살을 넣어 잠기도록 하고 약한 불에서 2분간 끓인 후 후춧가루를 뿌린다.

하루 1끼
main-dish

버터 치킨 콜리플라워 라이스

인도 요리 전문점에서 실패 확률이 가장 낮은 메뉴를 꼽으라면 바로 버터 치킨일 것이다. 그만큼 유명하기도 또 흔하기도 한 메뉴지만, 만드는 사람에 따라 특별한 재료를 넣어 차이를 두기도 한다. 지금 소개하는 버터 치킨은 기본에 충실한 베이직한 맛이다. 곁들임으로 밥이나 난 대신 가벼운 콜리플라워 라이스를 더해 탄수화물 섭취량을 줄였다.

CHICKEN

1~2인분 / 약 25분 + 밑간하기 60분

- 닭다리살 4장(또는 닭가슴살, 400g)
- 아보카도오일 2큰술
- 다진 마늘 1/2큰술
- 다진 생강 1/2작은술
  (또는 생강가루 1/8작은술)
- 가람마살라 1작은술(또는 커리가루)
- 파프리카가루 1작은술
  (또는 고운 고춧가루)
- 소금 약간
- 토마토퓨레 약 3/4컵
  (또는 토마토소스, 150g)
- 생크림 3/4컵(또는 코코넛크림, 150㎖)
- 버터 3큰술(30g)
- 콜리플라워 라이스 2컵(Tip 참고, 200g)

고기 밑간

- 그릭 요거트 120g
  (또는 플레인 요거트)
- 다진 마늘 1/2큰술
- 다진 생강 1/2작은술
  (또는 생강가루 1/8작은술)
- 소금 약간
- 후춧가루 약간

1. 볼에 한입 크기로 썬 닭다리살, 밑간 재료를 넣고 섞어 냉장실에서 60분간 재운다.
2. 깊은 팬을 달궈 아보카도오일을 두르고 ①을 넣어 중간 불에서 뒤집어가며 80% 정도 익힌다.
3. 팬에 수분이 자작하게 생기면 다진 마늘, 다진 생강, 가람마살라, 파프리카가루, 소금을 넣고 중간 불에서 2분간 볶는다.
   * 수분이 너무 많이 생겼다면 약 4~5큰술만 남기고 버려요.
   수분이 없어 탈 것 같다면 물을 3~4큰술 추가해요.
4. 토마토퓨레, 생크림, 버터를 넣고 약한 불에서 5분간 저어가며 끓인 후 그릇에 담고 콜리플라워 라이스를 곁들인다.
   * 콜리플라워 라이스 대신 좋아하는 채소를 곁들여도 좋아요.

Tip 가람마살라

인도 요리에 빠지지 않고 들어가는 향신료로 큐민, 코리앤더, 카다멈, 후추, 팔각 등 다양한 재료가 혼합되어 있어요.

Tip 콜리플라워 라이스

콜리플라워를 쌀 모양으로 잘게 썬 것으로 저탄수 식단에서 쌀밥 대신 흔하게 사용해요. 탄수화물 섭취를 줄여주고 포만감을 준답니다. 시중에 많은 시판 제품이 있으니 취향에 맞는 걸 골라 사용하고, 기재된 조리 방법에 따라 전자레인지에 넣어 익히거나, 팬에 볶아 먹어요.

스리라차 버팔로치킨과 랜치소스

뉴욕주에 위치한 '버팔로(Buffalo)'는 나의 대학과도 가까웠지만 '버팔로윙'으로 유명한 지역이기도 했다. 매콤한 맛의 버팔로윙은 닭날개로 만들지만, 닭다리살을 사용하면 색다른 식감과 풍미를 낸다. 매콤한 소스의 치킨에 랜치소스를 더하면 두 가지 소스의 조화가 색다른 맛의 재미를 준다.

1~2인분 / 30분
- 닭다리살 4장(또는 닭가슴살, 400g)
- 소금 약간
- 후춧가루 약간
- 아보카도오일 2큰술
- 셀러리(곁들임 용) 10cm 8~10개

매운 소스
- 스리라차소스 4큰술(또는 다른 핫소스)
- 식초 2큰술
- 버터 2큰술(20g)
- 파프리카가루 1/4작은술(또는 고운 고춧가루)
- 마늘가루 1/4작은술(또는 다진 마늘 1작은술)

랜치소스
- 그릭 요거트 150g(또는 플레인 요거트)
- 수제 마요네즈 280g(Tip 참고, 또는 아보카도 마요네즈, 올리브오일 마요네즈)
- 아몬드밀크 약 2~4큰술(또는 코코넛밀크)
- 딜 2작은술 (또는 다른 말린 허브가루 1/3작은술)
- 마늘가루 1/2작은술 (또는 다진 마늘 2작은술)
- 양파가루 1/2작은술 (또는 다진 양파 2작은술)
- 레몬즙 2작은술
- 소금 약간
- 후춧가루 약간

1. 볼에 닭다리살, 소금, 후춧가루를 넣고 섞어 밑간한다.
   두 개의 볼에 매운 소스 재료와 랜치소스 재료를 각각 넣고 섞는다.
2. 달군 팬에 아보카도오일을 두른 후 닭다리살을 넣고 껍질이 노릇해질 때까지 중간 불에서 뒤집어가며 익혀 꺼내둔다.
3. 팬을 닦고 ①의 매운 소스를 넣어 약한 불에서 2분간 끓인다.
4. 구운 닭다리살을 넣고 중간 불에서 2분간 뒤집어가며 조린 후 그릇에 담고 셀러리, 랜치소스를 곁들인다.

Tip 수제 마요네즈 만들기

원통형 용기에 아보카도오일 1과 1/4컵(250㎖), 달걀 1개, 디종 머스터드 1작은술, 사과사이다식초(또는 식초) 1작은술, 소금 약간을 넣고 핸드블렌더로 1~2분간 섞어요. 이때, 핸드블렌더가 용기 바닥에 닿은 상태에서 작동해야 마요네즈를 만들 수 있어요.
시판 제품은 초슨 푸드 아보카도 마요, 마이노멀 올리브오일 마요를 추천해요.

단백질 폭탄 치킨 버섯피자

피자를 좋아하지만, 밀가루 섭취가 꺼려진다면? 밀가루 없이 닭가슴살만으로 피자 도우를 만들어보자. 그야말로 든든한 단백질 폭탄 피자. 노릇하게 구운 닭가슴살 도우에 버섯을 듬뿍 볶아 얹어내 풍미까지 더했다. 단백질이 주는 엄청난 포만감에 조금만 먹어도 절로 배가 불러온다.

1~2인분 / 35분

- 버섯 200g(표고버섯, 양송이버섯 등)
- 버터 3큰술(30g)
- 다진 마늘 1작은술
- 이탈리안 시즈닝 1/2작은술
  (또는 다른 말린 허브가루)
- 소금 약간
- 후춧가루 약간

- 리코타치즈 약 1/2컵
  (또는 슈레드 피자치즈, 120g)
- 슈레드 피자치즈 1/2컵
  (또는 리코타치즈, 100g)
- 올리브오일 1큰술
- 파르미지아노 레지아노 15g
  (또는 그라나파다노)

크러스트

- 닭가슴살 통조림 2개(270g)
- 달걀 1개
- 파르미지아노 레지아노 간 것 5큰술(30g)
- 이탈리안 시즈닝 1작은술
  (또는 다른 말린 허브가루)

크러스트 만들기

1. 통조림의 닭가슴살을 잘게 찢어 키친타월 등으로 물기를 최대한 없앤다.
2. 볼에 ①과 나머지 크러스트 재료를 넣고 섞는다.
3. 피자팬에 ②를 얇게 펴고 예열한 오븐에서 10~15분간 노릇하게 굽는다.

피자 만들기

4. 버섯은 얇게 썬다.
5. 달군 팬에 버터를 녹인 후 다진 마늘, ④의 버섯을 넣어 중간 불에서 2분, 이탈리안 시즈닝을 넣고 5~6분간 볶은 후 소금, 후춧가루를 넣는다. 오븐은 230℃로 예열한다.
6. ③의 구운 크러스트 위에 리코타치즈, 슈레드 피자치즈, ④를 올린 후 예열한 오븐에서 10분간 굽는다. 올리브오일을 뿌리고 파르미지아노 레지아노를 갈아 올린다.

대파 제육볶음

'아 너무 많은데…' 라고 생각될 정도로 대파가 많이 들어가는 제육볶음. 하지만 여기서는 대파가 필수! 이보다 더 넣어도 여전히 맛있을 것이다. 대파는 취향에 따라 볶는 시간을 조절해도 좋다. 아삭한 대파의 식감을 살리고 싶다면 레시피대로 짧고 빠르게, 흐물거리며 달달한 대파가 좋다면 충분히 시간을 가지고 볶아내자.

PORK

1~2인분 / 20분
- 돼지고기 삼겹살 400g(또는 목살)
- 대파 20cm 7개
- 마늘 8개
- 청양고추 3개(기호에 따라 가감)
- 소금 약간
- 알룰로스 1큰술
- 양조간장 3큰술
- 고춧가루 1~2큰술(기호에 따라 가감)
- 참기름 2작은술
- 후춧가루 약간
- 통깨 간 것 약간

1 대파는 길이로 2등분 한 후 4~5cm 크기로 썬다. 마늘은 편 썰고 청양고추는 어슷 썬다.
   삼겹살은 먹기 좋은 크기로 썬 후 소금을 뿌려 밑간한다.

2 달군 팬에 삼겹살을 올리고 중간 불에서 뒤집어가며 튀기듯 굽는다.

3 삼겹살에서 기름이 충분히 나오면 마늘을 넣고 익힌다. 이때 기름이 너무 많다면 키친타올이나
   숟가락으로 덜어낸다.

4 알룰로스를 넣고 30초간 볶는다. 팬 가장자리로 양조간장을 기울여 넣어 1분간 볶은 후
   대파, 청양고추, 고춧가루, 참기름을 넣고 중간 불에서 30초간 볶는다.
   * 수분이 부족할 경우 물 2~4큰술을 대파와 함께 넣어 볶아요.

5 그릇에 담고 후춧가루, 통깨 간 것을 올린다.

하루 1끼
main-dish

된장 삼겹구이와 부추무침

고추장 양념에 볶아낸 삼겹살은 많지만, 된장 양념은 흔치 않다. 하지만 시도해보면 삼겹살의 신세계가 열린다. 흡사 삼겹살을 넣어 끓인 된장 짜글이 같기도 한데, 국물이 거의 없기에 또 그것과는 다르다. 부추무침은 삼겹살에 남아 있는 약간의 텁텁함과 느끼함을 잡아주는 역할을 하니 꼭 함께 먹는 것을 추천한다.

PORK

1~2인분 / 25분
- 통삼겹살 400g(또는 삼겹살)
- 양파 1개(200g)
- 청양고추 4개
- 홍고추 1~2개
- 대파 30cm
- 다진 마늘 1큰술

- 양조간장 1큰술
- 된장 1큰술
- 알룰로스 1큰술
- 물 8큰술(120㎖)
- 후춧가루 약간
- 통깨 간 것 약간

부추무침
- 부추 1줌(50g)
- 양조간장 2큰술
- 고춧가루 1큰술
- 식초 1큰술
- 알룰로스 1큰술
- 참기름 1큰술
- 통깨 간 것 약간

1 양파는 굵게 다지고 청양고추, 홍고추, 대파는 송송 썬다. 부추는 4cm 길이로 썬다.
  삼겹살은 엄지손가락 정도의 한입 크기로 도톰하게 썬다.

2 센 불로 달군 팬에 삼겹살을 넣고 겉면이 바삭해지도록 앞뒤로 뒤집어가며 90% 정도로 구워 덜어둔다.
  이때 기름이 너무 많다면 1~2큰술 분량만 남기고 버린다.

3 ②의 팬에 다진 마늘, 양조간장, 된장, 알룰로스를 넣고 센 불에서 1분간 볶는다.

4 굵게 다진 양파, 물을 넣어 골고루 섞고 ②의 삼겹살을 넣어 센 불에서 5~10분간 끓여 수분이 거의 없어지면
  청양고추, 대파를 넣고 섞는다.

5 볼에 부추무침 재료를 넣어 섞은 후 그릇에 ④와 함께 담고 후춧가루, 통깨 간 것을 뿌린다.

하루 1끼
main-dish

돼지고기
새우 완자탕

따끈한 국물에 돼지고기와 새우로 만든 탱글탱글한 완자를 즐길 수 있는 요리.
멸치국물을 사용했지만, 취향에 따라 쇠고기, 닭, 사골 등 어떤 종류의 육수를 사용해도 된다.
선택한 육수에 따라 또 새로운 요리가 완성된다. 완자는 국물 없이 달군 팬에
기름을 둘러 노릇하게 구워 먹어도 좋다.

PORK

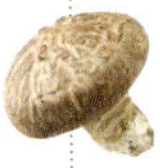

1~2인분 / 20분
- 청경채 4개
- 참기름 1/4작은술
- 소금 약간
- 멸치국물 3과 3/4컵
  (Tip 참고, 또는 닭육수, 쇠고기육수, 750㎖)

완자
- 다진 돼지고기 200g
- 생새우살 약 13마리(200g)
- 대파 20cm
- 표고버섯 2개
- 양조간장 1큰술
- 피시소스 1/4 작은술(또는 액젓)
- 참기름 1/4 작은술
- 소금 약간
- 후춧가루 약간

1 청경채는 반으로 가른다. 완자의 표고버섯은 기둥을 제거하고 곱게 다진다.
생새우살, 대파는 곱게 다진다.

2 볼에 완자 재료를 넣고 치대 가며 섞는다.

3 숟가락으로 떠서 돌돌 굴려 가며 완자를 만든다.
    * 숟가락 또는 쿠키 스쿱 등을 사용해 균일한 양으로 분할해 동그랗게 만들어요.

4 냄비에 멸치국물, 참기름(1/4작은술), 소금(약간)을 넣고
끓어오르면 완자를 넣고 중간 불에서 5분간 끓인 후 청경채를 넣어 2분간 끓인다.
    * 부족한 간은 소금으로 더해요.

Tip   멸치국물 준비하기

멸치국물은 시판 다시팩을 사용했어요. 포장지에 적힌 비율대로 분량의 물에 넣고 끓이거나 우려 사용해요.

하루 1끼
main-dish

아보카도와 오이 돼지고기 쌈

동남아 음식을 좋아한다면 꼭 한번 만들어보면 좋은 메뉴이다. 태국의 '랍무'라는 돼지고기 샐러드를 참고해 만든 요리인데, 오리지널과는 달리 아보카도와 절인 오이를 추가해 포만감과 상큼한 맛을 더했다. 돼지고기와 아삭한 상추가 기분 좋게 씹히는 식감을 주고, 동남아 음식 특유의 쿰쿰함과 신맛이 잘 어우러진다.

PORK

1~2인분 / 20분 + 오이 절이기 20분

- 다진 돼지고기 400g
- 아보카도 1개(210g)
- 버터헤드 레터스 1개
  (또는 로메인, 양상추, 상추)
- 아보카도오일 1큰술
- 다진 생강 1큰술
  (또는 생강가루 1/4큰술)
- 다진 마늘 1큰술
- 양조간장 2큰술
- 라임즙 1큰술(또는 레몬즙)
- 다진 민트잎(또는 케일잎, 셀러리잎)
  3큰술 + 1큰술
- 알룰로스 1작은술
- 다진 캐슈너트 2큰술(또는 다른 견과류)

오이절임
- 오이 1개(200g)
- 채 썬 적양파 1/4개분(50g)
- 다진 청양고추 2개분
- 양조간장 2큰술
- 라임즙 2큰술(또는 레몬즙)

1 오이절임의 오이는 동그란 모양을 살려 납작하게 썬다.
  아보카도는 껍질과 씨를 제거한 후 굵게 썬다.

2 볼에 ①의 오이와 나머지 오이절임 재료를 넣고 섞은 후 냉장실에 넣어 20분간 둔다.

3 달군 팬에 아보카도오일을 두르고 다진 돼지고기를 넣어 중간 불에서 8~10분간 볶는다.

4 다진 생강, 다진 마늘을 넣고 1분간 볶은 후 불을 끄고
  양조간장, 라임즙, 다진 민트잎(3큰술), 알룰로스를 넣고 섞는다.

5 그릇에 버터헤드 레터스를 담고 ④의 돼지고기, ②의 오이절임, 아보카도,
  다진 민트잎(1큰술), 다진 캐슈너트를 올린다.

Tip 버터헤드 레터스

버터헤드 레터스는 부드럽고 아삭한 맛이 특징인 샐러드 채소예요. 잎을 하나씩 떼어 찬물에 담가둔 후 물기를 털어내고 키친타월로 살살 두들겨 물기를 제거해 사용해요.

하루 1끼
main-dish

동남아풍 칠리 비프쌈

동남아 음식들은 특유의 쿰쿰함과 새콤함이 어우러져 새로운 풍미로 탄생하곤 한다. 곁들이는 로메인이나 버터헤드 레터스를 풍성하게 차리고 바싹 구워낸 다진 고기에 고수를 양껏 올려 먹으면 입 안에서 다양한 맛이 톡톡 터진다. 칠리 비프라는 이름이지만 돼지고기도 함께 사용해 부드러움까지 더했다.

BEEF&PORK

1~2인분 / 15분

- 다진 쇠고기 200g
- 다진 돼지고기 200g
- 아보카도오일 2큰술
- 참기름 1작은술
- 송송 썬 청양고추 1~2개분
  (기호에 따라 가감)
- 다진 생강 1/2작은술
  (또는 생강가루 1/8작은술)
- 다진 마늘 1작은술
- 알룰로스 1작은술

- 피시소스 1~2작은술
- 라임제스트 1/2작은술
  (Tip 참고, 또는 레몬제스트)
- 라임즙 1작은술(또는 레몬즙)
- 다진 대파 2큰술
- 양상추 적당량(또는 베이비 로메인)

고기 밑간
- 소금 1/2작은술
- 후춧가루 1/2작은술

칠리 라임소스
- 송송 썬 청양고추 1개분
- 양조간장 4큰술
- 참기름 1큰술
- 올리브오일 1큰술
- 피시소스 1작은술(또는 액젓)
- 라임즙 1작은술(또는 레몬즙)
- 알룰로스 1작은술
- 다진 고수 약간(생략 가능)

1. 볼에 다진 쇠고기, 다진 돼지고기, 밑간 재료를 넣고 섞는다.
   작은 볼에 소스 재료를 넣고 섞는다.
2. 팬을 센 불에 뜨겁게 달궈 아보카도오일을 두르고 ①을 넣어 부숴가며
   겉면이 바삭해질 때까지 5~6분간 구운 후 덜어둔다.
   * 고무주걱을 사용해 고기가 서로 들러붙지 않게 흩트려 놓아야 잘 익어요.
3. ②의 팬의 기름을 버리고 그대로 달군 후 참기름을 두르고 송송 썬 청양고추, 다진 생강,
   다진 마늘을 넣고 중간 불에서 30초간 볶는다. 알룰로스를 넣어 30초간 볶는다.
4. ③의 고기, 피시소스, 라임제스트, 라임즙, 다진 대파를 넣고 1분간 볶은 후
   그릇에 담고 양상추, 소스를 곁들여 낸다.
   * 채소에 고기와 소스를 올려 쌈으로 즐기세요.

Tip 제스트 준비하기

라임, 레몬, 오렌지 등의 시트러스류는 풍미가 강한 껍질을 얇게 저미거나 다져서 요리에 활용하는데 이것을 제스트라고 불러요.
칼이나 필러, 제스터로 껍질만 벗겨 다지세요. 이때 흰색 속껍질이 들어가면 쓴맛이 나니 주의해요.

하루 1끼
main-dish

토마토 크림 함박스테이크와 버터 양배추볶음

빵 없이도 맛있게 느껴지는 함박스테이크. 크리미하고 감칠맛이 풍부한 토마토소스가 페타치즈가 들어간 함박스테이크와 잘 어우러진다. 여기에 버터로 볶은 양배추까지 곁들이면 근사한 한 접시가 탄생한다. 양배추 대신 양파나 버섯, 시금치 등 동량의 다른 채소를 사용해도 색다른 맛을 느낄 수 있다.

BEEF&PORK

1~2인분 / 30분

함박스테이크
- 다진 쇠고기 200g
- 다진 돼지고기 200g
- 페타치즈 50g(또는 다른 치즈)
- 달걀 1개
- 다진 파슬리 1큰술
  (또는 다른 말린 허브가루 1작은술)
- 소금 약간
- 후춧가루 약간

토마토 크림소스
- 생크림 1/2컵(또는 코코넛크림, 100㎖)
- 토마토퓨레 3큰술
  (또는 토마토소스, 30㎖)
- 다진 파슬리 1작은술(또는 다진 허브)
- 소금 1/4 작은술
- 후춧가루 1/4 작은술

버터 양배추볶음
- 채 썬 양배추 1/8통분(200g)
- 버터 3큰술(30g)
- 소금 1/4작은술
- 후춧가루 1/4작은술

1 볼에 함박스테이크 재료를 넣고 치대듯이 섞는다.

2 ①의 반죽을 2등분한 후 둥글넓적한 모양의 패티를 2개 만든다.
　★ 패티 가운데 부분을 살짝 눌러 움푹 들어가게 하면 구울 때 익으면서 평평하게 돼요.

3 달군 팬에 버터 1큰술(분량 외)을 두르고 중간 불에서 뒤집어가며 6~8분간 노릇하게 구워 덜어둔다.

4 ③의 팬을 그대로 달궈 버터 양배추볶음 재료를 넣고 중간 불에서 5분간 볶아 덜어둔다.

5 ④의 팬에 소스 재료를 넣고 중간 불에서 3분간 끓인 후 그릇에 함박스테이크와 버터 양배추볶음을 올리고 함박스테이크 위에 소스를 붓는다.

하루 1끼
main-dish

미트볼과
오이 요거트소스

오이와 요거트로 만드는 차지키소스와 함께 먹는 미트볼. 상큼한 소스와 담백한 미트볼이 맛의 균형을 이룬다. 미트볼은 만들면서 간을 볼 수 없다는 단점이 있기 때문에 요리 초보자라면 양념한 반죽을 조금 떼어 팬에 구워 맛을 본 후 간을 더하는 것도 좋다.

BEEF&PORK

1~2인분 / 45분 + 오이 절이기 5분

미트볼
- 다진 쇠고기 200g
- 다진 돼지고기 200g
- 달걀 1개
- 코코넛가루 2큰술(또는 빵가루, 15g)
- 다진 파슬리 1큰술
  (또는 파슬리가루 1/3작은술)
- 다진 민트잎 1큰술(또는 파슬리, 로즈마리)
- 다진 양파 2와 1/2큰술
- 다진 마늘 1작은술
- 소금 1/2작은술
- 후춧가루 1/2작은술

오이 요거트소스(차지키소스)
- 오이 약 1/2개(90g)
- 그릭 요거트 70g
  (또는 플레인 요거트)
- 다진 마늘 1작은술
- 올리브오일 1큰술(또는 아보카도오일)
- 레몬즙 1작은술
- 다진 민트잎 1/2작은술
- 다진 딜 1작은술(또는 다른 말린 허브가루 1/3작은술)
- 소금 약간

1 볼에 미트볼 재료를 넣고 골고루 섞는다. 오이 요거트소스의 오이는 껍질을 제거하고 강판에 갈아 소금(약간)을 넣고 5분간 둔 후 면포에 짜 물기를 없앤다.

2 볼에 오이와 나머지 오이 요거트소스 재료를 넣고 섞는다. 오븐은 200°C로 예열한다.

3 숟가락이나 쿠키 스쿱을 사용해 크기가 동일한 미트볼을 10~12개 만든다.

4 종이포일을 깐 오븐팬 위에 올리고 예열한 오븐에서 35~40분간 굽는다.
  * 아보카도오일 2큰술(분량 외)를 두른 팬에 넣고 중간 불에서 5~6분간 익혀도 돼요.

5 그릇에 미트볼, 오이 요거트소스를 담는다.

하루 1끼
main-dish

태국식 비프샐러드

샐러드를 먹다 보면 습관처럼 늘 비슷한 드레싱을 선택하곤 하는데, 이러면 쉽게 질리기 마련이다. 타이 비프샐러드는 샐러드에 대한 흥미를 다시 불러일으키는 색다른 매력을 가졌다. 든든함을 더하는 부드러운 고기에 쿰쿰한 향을 내는 피시소스, 상큼한 라임즙이 어우러진 샐러드가 마치 태국에 있는 느낌을 준다.

BEEF

1~1.5인분 / 15분
- 쇠고기 불고기용 250~300g (또는 돼지고기 불고기용)
- 오이 1/2개(100g)
- 방울토마토 4~6개
- 적양파 1/4개(50g)
- 샐러드 믹스 2~3줌 (또는 어린잎 채소, 약 50g)
- 아보카도오일 1큰술
- 다진 땅콩 1큰술
- 고수잎 4~5장(또는 셀러리잎, 기호에 따라 가감)
- 민트잎 4~5장(생략 가능)

고기 밑간
- 소금 약간
- 후춧가루 약간

고수 드레싱
- 다진 고수 1줄기분(또는 셀러리잎)
- 다진 마늘 1큰술
- 라임즙 3큰술(또는 레몬즙)
- 피시소스 2큰술(또는 액젓 1/2~1큰술)
- 아보카도오일 1큰술
- 알룰로스 2작은술

1. 쇠고기는 넓게 펼쳐가며 밑간 재료에 재운다. 작은 볼에 드레싱 재료를 넣고 섞는다.
2. 오이는 길이로 2등분한 후 한입 크기로 썬다. 방울토마토는 먹기 좋은 크기로 썰고, 적양파는 얇게 채 썬다. 샐러드 믹스는 찬물에 씻은 후 물기를 제거한다.
3. 달군 팬에 아보카도오일을 두르고 쇠고기를 넣어 중간 불에서 젓가락으로 풀어가며 완전히 익힌다.
4. 볼에 샐러드 믹스를 넣고 ①의 드레싱을 1큰술 넣어 섞은 후 ③의 쇠고기, 오이, 방울토마토, 적양파, 나머지 드레싱을 넣고 섞는다.
5. 그릇에 담고 다진 땅콩, 고수잎, 민트잎을 올린다.

하루 1끼
main-dish

채소 듬뿍 차돌된장찌개

김치찌개와 더불어 우리나라 사람들이 가장 좋아하는 된장찌개. 그러나 체중 감량이 필요할 때는 쉽게 손이 가지 않는데, 이럴 땐 수프나 전골처럼 메인 메뉴라 생각하는 것이 좋다. 들어가는 건더기가 많다면 밥 없이도 충분히 든든하다. 지방이 많은 부위의 고기를 사용하면 풍미가 더 높아진다.

BEEF

1~1.5인분 / 20분

- 쇠고기 차돌박이 200g(또는 우삼겹)
- 두부 약 1모(200g)
- 애호박 2/3개(180g)
- 양파 1/2개(100g)
- 무 지름 10cm 두께 1cm(100g)
- 버섯 80g(표고버섯, 느타리버섯 등)
- 청양고추 2개
- 대파 15cm
- 된장 4~5큰술(염도에 따라 가감)
- 고춧가루 1/2큰술
- 다진 마늘 1큰술
- 물 5컵(1ℓ)

1 애호박은 길이로 2등분한 후 0.5cm 두께로 썬다.
  양파, 무는 한입 크기로 썬다. 청양고추, 대파는 송송 썬다.
2 두부는 한입 크기로 썬다. 모둠 버섯은 먹기 좋은 크기로 썬다.
3 냄비를 센 불로 달궈 차돌박이를 넣고 노릇하게 굽다가 물 5컵을 붓는다.
4 된장을 넣어 풀고 끓어오르면 애호박, 양파, 무, 모둠 버섯, 고춧가루, 다진 마늘을 넣고
  센 불에서 5분간 끓인다.
5 두부, 청양고추, 송송 썬 대파를 넣고 센 불에서 30초간 끓인다.

하루 1끼
main-dish

부드러운 쇠고기스튜

맛있는 쇠고기스튜의 첫 번째 조건은 좋은 쇠고기다. 두 번째 조건은 그 쇠고기에 마이야르 반응을 충분히 내는 것이다. 마이야르 반응(maillard reaction)은 고기가 갈색으로 익으면서 특별한 풍미가 나타나는 것을 말하는데, 이를 위해 고기의 수분을 최대한 제거하고 센 불에서 고기를 바싹 익혀야 한다. 스튜를 끓일 때 마시고 남은 와인을 1컵 정도 넣으면 풍미가 더 진해진다.

BEEF

1~2인분 / 1시간 40분

- 쇠고기 국거리용 400g(또는 사태, 양지, 목심)
- 당근 1개(200g)
- 버섯 100g(표고버섯, 양송이버섯 등)
- 양파 1/2개(100g)
- 셀러리 20cm(40g)
- 아보카도오일 1큰술 + 1큰술
- 다진 마늘 1작은술
- 이탈리안 시즈닝 1작은술(또는 다른 말린 허브가루)
- 토마토페이스트 1/2큰술(또는 토마토소스 1~2큰술)
- 닭육수 약 3과 3/4컵(Tip 참고, 또는 쇠고기육수, 750㎖)
- 월계수잎 1장
- 소금 약간
- 후춧가루 약간

고기 밑간
- 소금 1/2작은술
- 후춧가루 1/2작은술

1. 쇠고기는 키친타월로 감싸 핏물을 없애고 밑간 재료를 넣어 재운다.
2. 당근은 길이로 4등분한 후 한입 크기로 썬다.
   버섯, 양파, 셀러리는 0.5cm 크기로 썬다.
3. 달군 냄비에 아보카도오일(1큰술)을 두르고 ①의 쇠고기를 넣어
   겉면이 노릇하게 될 때까지 중간 불에서 8~10분간 구워 덜어둔다.
4. 냄비에 아보카도오일(1큰술)을 두르고 다진 마늘, 이탈리안 시즈닝을 넣고
   중간불에서 1분간 볶는다. 토마토페이스트를 넣고 1분간 볶는다.
   ★ 주걱으로 냄비 바닥에 눌러있는 양념들을 긁어가며 끓이면 풍미가 더 올라가요.
5. ②, ③, 닭육수, 월계수잎을 넣고 약한 불에서 고기가 부드러워질 때까지
   45~60분간 끓인 후 월계수잎을 건지고 소금, 후춧가루를 약간씩 뿌린다.

Tip 닭육수 준비하기

닭육수는 시판 치킨스톡을
사용했어요. 주로 사용하는
제품은 '올계 유기농 치킨스톡'으로
포장지에 적힌 비율대로 희석해요.

하루 1끼
main-dish

뼈 없는 갈비찜

소 늑간살은 뼈에 붙은 갈빗살로 질긴 근막도 함께 붙어있는 것이 보통이다.
하지만 늑간살을 천천히 오래 끓이면 단단하던 근막마저 부드러워지는데,
그걸 씹는 맛이 부드러우면서 또 쫄깃하다. 이 맛을 보려면 필요한 것은 시간과 인내심.
조리법은 간단하기 그지없지만 필요한 것은 충분한 시간이다.

BEEF

3~4인분 / 2시간 30분 + 숙성시키기 2시간

- 쇠고기 늑간살 1kg(또는 갈빗살)
- 당근 1/2개(100g)
- 무 150g
- 표고버섯 6개(150g)
- 아보카도오일 3큰술

양념
- 배 1/2개(250g)
- 양파 1/2개(100g)
- 물 약 2/3컵(120㎖)
- 양조간장 8큰술(120㎖)
- 화이트와인 4큰술(또는 청주, 60㎖)
- 다진 마늘 2큰술
- 알룰로스 4큰술
- 참기름 1/2큰술
- 다진 생강 1작은술(또는 생강가루 1/4작은술)
- 후춧가루 약간

1 당근, 무는 한입 크기로 썬다. 표고버섯은 기둥을 제거하고 한입 크기로 썬다.
쇠고기는 먹기 좋은 크기로 썬다.

2 푸드프로세서에 양념 재료를 넣고 곱게 간다.

3 달군 냄비에 아보카도오일을 두르고 쇠고기의 겉면을 바싹 굽고 키친타월로 기름을 제거한 후 불을 끈다.

4 ③에 ②의 양념을 붓고 냉장실에서 2시간 동안 숙성시킨다.

5 ④를 약한 불에 올려 2시간 동안 끓인 후 무, 당근을 넣고 채소가 반 정도 익을 때까지 5~10분간 끓인다.
표고버섯을 넣고 5분간 더 끓인다.

하루 1끼
main-dish

양갈비구이와 치미추리소스

조리법은 아주 간단하지만 특별한 날의 상차림에 어울리는 소위 '있어 보이는' 메뉴이다.
푸짐한 양갈비에 곁들이는 치미추리(Chimichurri)는 아르헨티나를 대표하는 소스로 다양한
허브를 넣어 만드는 것이 특징이다. 이 소스는 양갈비와 찰떡궁합을 자랑하지만
다른 스테이크나 삼겹살 구이 등에도 잘 어울리니 페이지의 모서리를 접어놓고 자주 활용하자.

LAMB

1~2인분 / 15분
- 양갈비 약 6~7대(프렌치랙, 500g)
- 소금 약간
- 후춧가루 약간

치미추리소스
- 파슬리 3~4줄기
- 민트잎 10장
- 홍고추 1개
- 다진 마늘 1큰술
- 레드와인식초 1큰술(또는 발사믹식초)
- 올리브오일 4큰술
- 오레가노가루가루 1작은술(생략 가능)
- 소금 1/2작은술
- 후춧가루 1/2작은술

1 양갈비에 소금, 후춧가루를 뿌려 밑간한다.

2 파슬리, 민트잎, 홍고추는 곱게 다진다. 볼에 소스 재료를 넣고 섞는다.

3 달군 팬에 양갈비를 넣는다. 이때, 지방이 있는 쪽으로 세워 넣는다.

4 기름이 충분히 나올 때까지 중간 불에서 한쪽 면을 2~3분간 굽고 뒤집는다.
양면이 노릇하게 구워질 때까지 뒤집어가며 구운 후 그릇에 소스와 함께 담는다.
* 양갈비의 두께와 원하는 굽기에 따라 3~7분간 구워요.

하루 1끼
main-dish

콜리플라워 새우볶음밥

쌀밥을 콜리플라워 라이스로 바꾸는 것 만으로 10배 이상의 탄수화물 섭취를 줄일 수 있다. 쌀이 주는 특유의 쫀득한 맛과 포만감은 덜하지만 비슷한 생김새에 심리적 위안을 얻을 수 있는 건 물론, 맛도 쌀밥 못지않게 훌륭하다. 간장을 팬의 옆으로 흘려보내 살짝 태워 볶는다면 감칠맛과 풍미가 살아난다.

SHRIMP

1~1.5인분 / 15분

- 새우살(작은 크기) 200g
- 달걀 2개
- 당근 1/4개(50g)
- 쪽파 5줄기(40g)
- 아보카도오일 1큰술
- 양조간장 1/2큰술
- 콜리플라워 라이스 2와 1/2컵 (Tip 참고, 250g)
- 소금 약간
- 참기름 1작은술

1. 당근은 곱게 다지고 쪽파는 송송 썬다. 볼에 달걀을 넣고 푼다.
2. 달군 팬에 아보카도오일을 두르고, 새우살, 당근, 쪽파, 달걀을 넣고 중간 불에서 달걀이 80% 정도 익도록 볶는다.
   * 생새우살(킹사이즈)을 사용할 경우 먹기 좋은 크기로 썰어요.
3. 팬의 재료를 한쪽으로 밀쳐 놓고 빈 공간에 양조간장을 넣어 살짝 끓인 후 모든 재료가 섞이도록 30초간 볶는다.
4. 콜리플라워 라이스를 넣고 30초간 볶은 후 소금, 참기름을 넣고 섞는다.

Tip 콜리플라워 라이스

콜리플라워를 쌀 모양으로 잘게 썬 것으로 저탄수 식단에서 쌀밥 대신 흔하게 사용해요. 탄수화물 섭취를 줄여주고 포만감을 준답니다. 시중에 많은 시판 제품이 있으니 취향에 맞는 걸 골라 사용하고, 기재된 조리 방법에 따라 전자레인지에 넣어 익히거나, 팬에 볶아 먹어요.

하루 1끼
main-dish

새우 세비체

세비체(Cebiche)는 페루에서 온 요리이다. 상큼한 시트러스 계열의 즙과 다진 양파, 고추를 신선한 생선이나 생새우 등에 섞어 만드는 요리로 청량한 맛이 나는 에피타이저로 주로 먹곤 한다. 가정에서는 생새우 대신 익힌 새우를 사용해도 색다른 맛을 즐길 수 있고, 분량의 새우 대신 생연어나 광어회 등을 사용해 만들어도 좋다.

SHRIMP

1~2인분 / 10분 + 숙성시키기 30분

- 생새우살 약 16마리(250g)
- 아보카도 1/2개(105g)
- 토마토 1개(150g)
- 오이 1/3개(약 70g)
- 적양파 1/4개(50g)
- 다진 고수 1큰술(또는 다진 셀러리잎)
- 다진 고추 1큰술
- 라임제스트 1/2작은술(Tip 참고)
- 라임즙 6큰술(또는 레몬즙)
- 소금 약간

1. 끓는 물(물 5컵 + 소금 1/2작은술)에 생새우살을 넣고 2분간 데친 후 찬물에 담가 식힌다.
2. 토마토, 오이, 적양파는 사방 1cm 크기로 썬다.
   아보카도는 껍질과 씨를 제거한 후 같은 크기로 썬다.
3. 익힌 새우살은 1cm 크기로 썬다.
4. 볼에 아보카도를 제외한 모든 재료를 넣어 섞어 맛이 잘 어우러지도록 냉장실에 넣어 30분간 두었다가 아보카도, 소금을 넣고 섞는다.
   * 세비체는 그대로 먹거나 로메인 등 쌈채소에 얹어 먹어도 좋아요.

Tip 제스트 준비하기

라임, 레몬, 오렌지 등의 시트러스류는 풍미가 강한 껍질을 얇게 저미거나 다져서 요리에 활용하는데 이것을 제스트라고 불러요. 칼이나 필러, 제스터로 껍질만 벗겨 다지세요.
이때 흰색 속껍질이 들어가면 쓴맛이 나니 주의해요.

하루 1끼
main-dish

구운 채소 연어샐러드와 땅콩버터 드레싱

오븐에 구운 채소는 채소를 싫어하는 어린이 입맛도 먹게 만드는 신기한 효과가 있다. 구웠을 때 더 진해지는 채소의 단맛 덕분인데, 여기에 고소한 땅콩버터를 드레싱을 곁들이고 연어를 사용해 더욱 호감도를 높였다. 취향에 따라 방울토마토, 애호박, 비트 등을 구워 올려서 다양한 변화를 즐겨도 좋다.

SALMON

1~1.5인분 / 40분

- 연어 1~2토막(구이용 연어 필렛, 150g)
- 시금치 60g
- 다진 호두 2큰술(또는 다른 견과류)
- 레몬즙 1개분

연어 밑간
- 소금 약간
- 후춧가루 약간
- 올리브오일 1작은술

구운 채소
- 파프리카 2개(400g)
- 가지 2개(400g)
- 브로콜리 1송이(300g)
- 올리브오일 2작은술
- 소금 약간
- 후춧가루 약간

드레싱
- 땅콩버터 2큰술(또는 다른 견과버터)
- 레몬즙 6큰술
- 올리브오일 2큰술
- 큐민가루 1/2작은술(또는 코리앤더가루, 카레가루, 파프리카가루, 생략 가능)
- 다진 마늘 1작은술
- 소금 약간
- 후춧가루 약간

1 볼에 드레싱 재료를 넣고 분리되지 않게 거품기로 섞는다. 오븐은 220℃로 예열한다.
2 파프리카는 2등분해서 씨를 제거한 후 8조각으로 썬다. 가지, 브로콜리는 한입 크기로 썬다.
3 볼에 구운 채소 재료를 넣고 섞은 후 오븐팬에 올려 예열한 오븐에서 10분, 뒤집어 10분간 굽는다.
4 연어에 밑간 재료를 뿌린 후 달군 팬에 연어를 넣고 중간 불에서 7~8분간 뒤집어가며 노릇하게 굽는다.
5 연어를 한입 크기로 부순다. 그릇에 시금치, 구운 채소를 올리고 드레싱을 뿌린 후
  부순 연어, 다진 호두, 레몬즙을 뿌린다.

하루 1끼
main-dish

아스파라거스 연어구이와 홀랜다이즈소스

오메가3 지방산이 풍부한 연어로 만든 심플한 요리. 오메가3는 각종 질병의 위험 요소를 낮추는 데 도움이 된다. 이 간단한 한 끼로 하루에 필요한 영양을 모두 챙길 수 있다는 게 반갑다. 곁들이는 홀랜다이즈소스는 만들기 까다로운 소스 중 하나로, 달걀은 너무 차갑지 않게, 버터는 너무 뜨겁지 않게 온도를 맞추는 것이 중요하다.

SALMON

1~2인분 / 20분
- 연어 2~3토막(구이용 연어 필렛, 300g)
- 아스파라거스 약 13개(250g)
- 아보카도오일 1큰술

연어 밑간
- 소금 약간
- 후춧가루 약간

홀랜다이즈소스
- 달걀노른자 2개분
- 레몬즙 1큰술
- 파프리카가루 약간
  (또는 고운 고춧가루, 생략 가능)
- 녹인 버터 약 6큰술(85ml)
- 소금 약간
- 후춧가루 약간

1 아스파라거스는 밑동을 제거한 후 필러로 껍질을 벗긴다. 연어에 밑간 재료를 뿌린다.

2 달군 팬에 아보카도오일을 두르고 연어를 올려 겉면이 바삭하도록 중간 불에서 4~5분간 굽고
뒤집어서 4~5분간 구워 덜어둔다.

3 ②의 팬에 아스파라거스를 넣고 3~4분간 굽는다.

4 푸드프로세서에 달걀노른자, 레몬즙, 파프리카가루를 넣고 20초간 돌려 섞는다. 녹인 버터를 조금씩
넣어가며 섞은 후 소금, 후춧가루를 넣고 섞는다.
  * 버터는 내열 용기에 넣고 전자레인지에 녹이거나 뜨거운 물이 담긴 냄비에 넣어 중탕해요.
  버터의 온도가 너무 뜨겁지 않을 정도로 식혀 사용해요.
  * 소스의 농도를 확인하고 너무 되직하다면 물 1~2큰술을 넣고 섞어요.
  * 중간에 재료를 넣을 수 있도록 뚜껑에 캡이 달린 푸드프로세서의 경우에는 작동하면서 재료를 더해요.

5 그릇에 구운 연어, 아스파라거스를 올리고 ④의 소스를 뿌린다.

하루 1끼
main-dish

허브 머랭 연어구이와 시금치볶음

연어를 단순히 구워 먹기만 했다면, 이 메뉴는 연어에 폭신한 달걀 머랭을 더해 한 단계 업그레이드된 느낌으로 즐길 수 있다. 연어에 풍부한 오메가3 지방산은 다른 영양소와 달리 우리 몸 자체적으로 생성하지 못하기 때문에 꾸준히 섭취하는 것이 좋다. 오메가3 지방산은 연어 외에도 고등어, 꽁치, 삼치 등에 풍부하게 들어있다.

SALMON

1~2인분 / 30분
- 연어 3~4토막
  (구이용 연어 필렛, 250~300g)
- 소금 약간
- 레몬 슬라이스 3~4개(곁들임 용)
- 아보카도오일 1큰술

허브 머랭
- 달걀흰자 1개분
- 아몬드가루 4큰술
- 파르미지아노 레지아노 간 것 5큰술
  (또는 그라나파다노, 30g)
- 레몬제스트 1큰술
- 다진 파슬리 3큰술
  (또는 말린 파슬리 1큰술)
- 다진 타임 1작은술
  (또는 말린 타임 1/4작은술)
- 다진 로즈마리 1작은술
  (또는 말린 로즈마리 1/2작은술)
- 마늘가루 1/2작은술
  (또는 다진 마늘 2작은술)
- 넛맥가루 1/4작은술(생략 가능)
- 소금 약간
- 후춧가루 약간

시금치볶음
- 시금치 약 2줌(120g)
- 버터 1큰술(10g)
- 소금 약간

1 오븐팬에 종이포일을 깔고 아보카도오일을 펴 바른다. 오븐은 220℃로 예열한다.

2 볼에 달걀흰자를 넣고 핸드믹서로 뒤집어도 흘러내리지 않을 정도의 단단한 머랭을 만든다.

3 ②에 나머지 머랭 재료를 넣고 거품이 꺼지지 않도록 살살 섞는다.

4 ①의 오븐팬에 연어를 올리고 소금을 뿌린 후 ③의 머랭을 올려 예열한 오븐에서 15분간 굽는다.
 * 연어에 머랭을 올린 후 가볍게 눌러 떨어지지 않게 하고, 굽는 시간은 연어의 두께에 따라 조절해요.

5 달군 팬에 버터를 녹이고 시금치, 소금을 넣고 중간 불에서 1~2분간 부드러워질 때까지 볶은 후 그릇에 ④의 구운 연어, 시금치볶음, 레몬 슬라이스를 함께 담는다.

하루 1끼
main-dish

가지 파마산

가지를 좋아하는 사람들이 거부하기 힘든 레시피. 이 메뉴는 '치킨 파마산'이란 요리에서 영감을 받았는데, 고기를 너무 많이 먹었을 때 만들면 조금은 가벼운 느낌으로 먹을 수 있다. 집에 처치 곤란 가지가 있을 때 시도해도 좋다. 원한다면 가지와 닭고기를 섞어서 만들어보자. 엄청난 요리가 완성될 것이다.

VEGETABLE

1~1.5인분 / 60분 + 밑간하기 30분

- 가지 3~4개(약 400g)
- 소금 1작은술
- 올리브오일 2큰술
- 슈레드 피자치즈 1컵(100g)
- 파르미지아노 레지아노 간 것 10큰술
  (또는 그라나파다노, 60g)

토마토소스
- 올리브오일 5큰술(50㎖)
- 다진 양파 1/2개분(100g)
- 다진 마늘 1큰술
- 토마토퓨레 1과 1/2컵(300㎖)

- 바질가루 1작은술
  (또는 다른 말린 허브가루)
- 소금 약간
- 후춧가루 약간

1 가지는 모양을 살려 1cm 두께로 썬 후 앞뒤로 소금을 뿌려 30분간 둔다. 오븐은 200℃로 예열한다.

2 가지에 나온 수분은 키친타월로 닦아낸 후 올리브오일(2큰술)을 뿌린다. 오븐 용기에 넣고 예열한 오븐에서 10~15분간 굽는다.

3 달군 팬에 올리브오일(5큰술)을 두르고 다진 양파, 다진 마늘을 넣어 중간 불에서 1분간 볶는다.

4 토마토퓨레를 넣고 20분간 끓인다. 바질가루, 소금, 후춧가루를 넣어 1분간 끓인다. 오븐은 230℃로 예열한다.

5 오븐 용기에 ④의 소스를 2~3큰술 올리고 가지를 한층 올린다. 그 위에 다시 소스를 올리고 슈레드 피자치즈, 파르미지아노 레지아노 간 것을 올린다. 이 과정을 다시 한번 반복한다(가지→소스→치즈 순).

6 예열한 오븐에 ⑤를 넣고 치즈가 노릇하게 녹을 때까지 10~15분간 굽는다.

하루 1끼
main-dish

심플 가지피자

미국에 프랑스 요리를 처음 전파한 줄리아 차일드의 가지피자를 오마주한 레시피이다. 요리를 좋아하는 사람이라면 누구나 즐겁게 볼 수 있는 영화 '줄리&줄리아'를 보고 나서 만들었는데, 심플한 재료로 만족스러운 맛을 내는 것이 특징이다. 가지피자를 먹기 전에는 꼭 한번 소리 내 말해보자, 본 아페티(Bon appétit)!

VEGETABLE

1~1.5인분 / 50분 + 밑간하기 30분

- 가지 3개(약 450g)
- 소금 1작은술
- 이탈리안 시즈닝 1/2작은술 + 1/2작은술
  (또는 다른 말린 허브가루)
- 올리브오일 2큰술 + 1큰술
- 다진 마늘 1과 1/2큰술
- 토마토다이스 통조림 1/2캔
  (또는 토마토홀 통조림 다진 것, 200g)
- 슈레드 피자치즈 5큰술(50g)
- 파르미지아노 레지아노 간 것
  약 8큰술(또는 그라나파다노, 50g)
- 채 썬 바질 5g

1. 가지는 길게 2등분한 후 5~6cm 길이로 썬다. 소금을 앞뒤로 뿌려 30분간 둔다.
   가지에서 나온 수분은 키친타월로 닦는다. 오븐은 190℃로 예열한다.
2. 가지에 이탈리안 시즈닝(1/2작은술), 올리브오일(2큰술)를 뿌려 예열한 오븐에서 25분간 굽는다.
3. 달군 팬에 올리브오일(1큰술)을 두르고 다진 마늘을 넣어 약한 불에서 1분간 볶는다.
   토마토다이스, 이탈리안 시즈닝(1/2작은술)을 넣고 8~9분간 볶는다.
4. 볼에 슈레드 피자치즈, 파르미지아노 레지아노 간 것을 넣고 섞는다. 오븐은 230℃로 높여 예열한다.
5. ②의 가지 위에 ③의 소스, 채 썬 바질, ④의 치즈 순으로 올리고 예열한 오븐에서 10~12분간 노릇하게 굽는다.

하루 1끼
main-dish

콜리플라워 마르게리타피자

마르게리타는 이탈리아 국기를 상징하는 빨간색(토마토), 흰색(치즈), 녹색(바질)으로 이루어진 피자이다. 우리나라에서 흔히 먹는 미국식 피자와 달리, 적은 양의 토핑이 올라가는 대신 토핑의 퀄리티가 매우 중요하다. 토마토소스와 모차렐라치즈를 잘 고르는 것이 이 피자 맛의 핵심이라고 볼 수 있다.

VEGETABLE

1~2인분 / 40분

- 토마토소스 약 1/4컵(60㎖)
- 이탈리안 시즈닝 1/4 작은술
  (또는 다른 말린 허브가루)
- 마늘가루 1/4 작은술
  (또는 다진 마늘 1작은술)
- 슈레드 피자치즈 1컵(100g)
- 바질 약간

크러스트

- 콜리플라워 라이스 4와 1/2컵(450g)
- 슈레드 피자치즈 1컵(100g)
- 파르미지아노 레지아노 간 것 5큰술
  (또는 그라노파다노, 30g)
- 달걀 1개
- 소금 약간

크러스트 만들기

1. 내열 용기에 콜리플라워 라이스를 넣고 전자레인지에 2분간 돌려 부드러운 상태로 만든 후 면포에 콜리플라워를 넣어 물기를 짠다. 오븐은 220℃로 예열한다.
   * 콜리플라워의 물기를 최대한 많이 짜내는 것이 좋아요.
2. 볼에 크러스트 재료를 넣고 섞는다.
3. 피자팬에 종이포일을 깔고 ②를 올려 넓게 편다.
4. 예열한 오븐에서 20분간 노릇하게 굽는다. * 크러스트의 겉이 단단해지고 노릇해지면 꺼내요.

피자 만들기

5. 볼에 토마토소스, 이탈리안 시즈닝, 마늘가루를 넣고 섞는다. 오븐은 220℃로 다시 예열한다.
6. 구운 크러스트 위에 ⑤를 펴 바른 후 슈레드 피자치즈를 올린다. 예열한 오븐에서 치즈가 완전히 녹을 때까지 5~10분간 노릇하게 구운 후 바질을 뜯어 올린다.

Tip 콜리플라워 라이스

콜리플라워를 쌀 모양으로 잘게 썬 것으로 저탄수 식단에서 쌀밥 대신 흔하게 사용해요. 탄수화물 섭취를 줄여주고 포만감을 준답니다. 시중에 많은 시판 제품이 있으니 취향에 맞는 걸 골라 사용해요.

PART THREE

RECIPE

단식 전 가벼운 0.5끼 사이드요리

간단히 만들거나 미리 만들어 둘 수 있는
수프, 샐러드, 저탄수 스낵, 스무디 등의 사이드요리

하루 0.5끼
side-dish

버섯 크림수프

버섯 크림수프는 집에서 만들어 먹으면 더 맛있는 음식 중 하나이다. 직접 재료를 고르는 기쁨과 약간의 수고를 감수하면 자신의 입맛에 딱 맞는 버섯 크림수프를 완성할 수 있다. 버섯은 좋아하는 종류의 버섯으로 만들어도 좋다.

1~2회분 / 25분 / 냉장 보관 2~3일

- 양송이버섯 12~13개(250g)
- 양파 1/2개(100g)
- 버터 2큰술(20g)
- 다진 마늘 1/2큰술
- 말린 타임 1/2작은술
  (또는 다른 말린 허브가루)
- 쇠고기육수 2와 1/2컵
  (Tip 참고, 또는 닭육수, 500㎖)
- 생크림 4큰술(또는 코코넛크림, 60㎖)
- 소금 약간
- 후춧가루 약간

1 양송이버섯은 먹기 좋은 크기로 손질하고, 양파는 곱게 다진다.

2 달군 냄비에 버터를 넣고 녹인 후 양송이버섯, 양파, 다진 마늘을 넣고
중간 불에서 3~4분간 볶는다. 토핑용으로 2~3큰술 정도만 덜어둔다.

3 ②의 냄비에 말린 타임, 쇠고기육수를 넣고 10분간 끓인 후 불을 끈다.

4 생크림을 넣고 핸드블랜더로 곱게 간다.

5 소금, 후춧가루를 넣어 중간 불에서 따끈하게 데운 후
그릇에 담고 토핑으로 덜어둔 ②의 볶은 버섯을 올린다.
  * 취향에 따라 생크림, 올리브오일, 타임, 후춧가루 등을 올려도 좋아요.

Tip 쇠고기육수 준비하기

쇠고기육수는 시판 비프스톡을 사용했어요. 포장지에 적힌 비율대로 분량의 물과 희석해요.

하루 0.5끼
side-dish

단호박수프

흔한 단호박죽과는 사뭇 다른 단호박수프. 달콤한 맛이 강할 거란 생각과는 달리 이 수프에서는 건강한 단맛 외에는 찾아볼 수 없다. 은은하게 배어있는 단호박 본연의 맛과 고소한 풍미를 느끼다 보면 어느새 몸이 따뜻해지는 것을 느낄 수 있다.

SOUP

1~2회분 / 30분 / 냉장 보관 2~3일

- 단호박 1/4통
  (껍질 제거 후, 약 200~250g)
- 양파 1/4개(50g)
- 마늘 1개
- 말린 타임 1/2작은술
  (또는 다른 말린 허브가루)
- 쇠고기육수 2와 1/2컵
  (Tip 참고, 또는 닭육수, 500㎖)
- 생크림 4큰술(또는 코코넛크림, 60㎖)
- 소금 약간
- 후춧가루 약간
- 송송 썬 쪽파 약간(또는 다진 파슬리)

1 단호박은 한입 크기로 썬다. 양파는 채 썬다.

2 냄비에 ①, 마늘, 말린 타임, 쇠고기육수를 넣고 센 불에서 끓인다. 끓어오르면 중간 불에서 10분간 끓인다.

3 핸드블랜더를 사용해 모든 재료를 곱게 간다.

4 생크림, 소금, 후춧가루를 넣어 중간 불에서 따끈하게 데운 후 그릇에 담고 송송 썬 쪽파를 올린다.
  * 취향에 따라 생크림, 후춧가루 등을 올려도 좋아요.

Tip   쇠고기육수 준비하기

쇠고기육수는 시판 비프스톡을 사용했어요. 포장지에 적힌 비율대로 분량의 물과 희석해요.

하루 0.5끼
side-dish

닭고기 달걀수프

흔히 먹는 달걀국에 닭고기를 넣는 것만으로도 조금 더 특별한 요리가 완성된다. 달걀을 익힐 때는 불 조절이 중요한데, 센 불보다는 약한 불일 때 넣고 휘젓지 않아야 깔끔한 국물을 만들 수 있다. 약간의 산미와 달콤함을 추가하고 싶다면 방울토마토를 넣어도 좋다.

SOUP

1~2회분 / 35분 / 냉장 보관 5~7일

- 닭안심 6쪽(또는 닭가슴살, 120g)
- 달걀 2개
- 표고버섯 약 3개(60g)
- 쪽파 1줄기(8g)
- 버터 1큰술(10g)
- 다진 생강 1/2작은술
  (또는 생강가루 1/8작은술)

- 닭육수 2와 1/2컵
  (Tip 참고, 또는 쇠고기육수, 500㎖)
- 양조간장 1/2큰술
- 소금 약간
- 참기름 1/2작은술

1 표고버섯은 기둥을 제거하고 먹기 좋은 크기로 썬다.
쪽파는 송송 썰어 토핑용으로 약간 덜어둔다.
볼에 달걀을 넣고 푼다.

2 달군 냄비에 버터를 넣고 녹인 후 닭안심을 넣어 중간 불에서 7~8분간 뒤집어가며 익힌다.

3 표고버섯, 쪽파, 다진 생강을 넣고 볶다가 닭육수, 양조간장, 소금을 넣고 20분간 끓인다.

4 닭안심을 건져 한김 식힌 후 곱게 찢어 다시 냄비에 넣는다.

5 약한 불로 줄여 달걀물을 천천히 부어 넣고, 달걀이 익으면 천천히 저어가며 섞은 후
그릇에 담고 쪽파, 참기름을 뿌린다.
  * 달걀은 젓지 않고 그대로 익도록 둬야 국물이 깔끔해져요.

Tip 닭육수 준비하기

닭육수는 시판 치킨스톡을
사용했어요. 주로 사용하는
제품은 '올게 유기농 치킨스톡'으로
포장지에 적힌 비율대로 희석해요.

하루 0.5끼
side-dish

아보카도 레드커리수프

즐겨 보는 여행 유튜버가 태국에서 비슷한 음식을 먹는 걸 보고 영감을 얻어 재연한 메뉴이다. 동물성 재료가 전혀 들어가지 않은 채소수프여서 채식이나 비건식을 하는 사람들과 함께 먹기에도 좋다. 레드커리의 매콤함과 넉넉한 채소의 양이 기분 좋은 포만감을 준다.

1~2인분 / 15분

- 아보카도 1개(210g)
- 파프리카 1개(200g)
- 방울토마토 10~15개(150g)
- 아보카도오일 2큰술
- 레드커리 페이스트 2~3큰술
- 코코넛밀크 2와 1/2컵(500㎖)
- 양조간장 2큰술
- 알룰로스 1큰술

1 아보카도는 껍질과 씨를 제거한 후 먹기 좋은 크기로 썬다.
2 파프리카는 2등분한 후 씨를 제거하고 한입 크기로 썬다.
　방울토마토는 반으로 썬다.
3 냄비를 달궈 아보카도오일을 두른 후 레드커리 페이스트를 넣고 중간 불에서 30~60초간 볶는다.
4 코코넛밀크를 넣고 1분간 끓인 후 모든 재료를 넣고 중간 불에서 5분간 끓인다.

양배추 그린샐러드

틱톡에서 영감을 받은 초록 여신 샐러드. 'Green goddess salad'로 알려졌는데, 전 세계 많은 이들의 호응을 얻은 레시피를 나만의 스타일대로 변형해 보았다. 바질과 시금치로 만든 드레싱으로 버무려 그야말로 초록초록한 샐러드.

하루 0.5끼 side-dish

1~2인분 / 15분 / 냉장 보관 2~3일

- 오이 1개(200g)
- 양배추 1/4통(400g)
- 쪽파 4~6줄기(또는 바질, 부추)

드레싱
- 시금치 약 1/2줌(30g)
- 바질 20장(20g)
- 파르미지아노 레지아노 30g (또는 그라나파다노)
- 양파 1/6개(30g)
- 마늘 1~2개
- 캐슈너트버터 2큰술 (또는 다른 견과버터)
- 올리브오일 5큰술
- 레몬즙 4~5큰술
- 사과사이다식초 1큰술(또는 다른 식초)
- 소금 1/4작은술

1. 오이는 얇게 썬다. 쪽파는 송송 썬다. 양배추는 잘게 썬다.
2. 푸드프로세서에 드레싱 재료를 넣고 곱게 간 후 ①과 골고루 섞는다.

SALAD

적양배추 레드샐러드

적양배추와 적양파가 주는 색감이 매력적이며, 초록 여신 샐러드와 같이 메뉴명은 똑같이 여신 샐러드지만 맛은 전혀 다르다. 인터넷상에서의 인기는 초록 여신 샐러드보단 덜하지만, 개인적으론 이 메뉴가 취향에 더 가까운 편이다.

하루 0.5끼
side-dish

1~2인분 / 15분 / 냉장 보관 2~3일

- 적양배추 1/4통(400g)
- 적양파 1/8개(25g)
- 오이 1/2개(100g)
- 방울토마토 10개
- 민트잎 10장(또는 바질)

드레싱
- 선드라이드 토마토 5~7개
- 바질 10장
- 양파 1/8개(25g)
- 마늘 1~2개
- 캐슈너트버터 1큰술
  (또는 다른 견과버터)
- 올리브오일 3큰술
- 레몬즙 2큰술
- 소금 약간
- 후춧가루 약간

SALAD

1. 적양파는 얇게 채 썬다. 방울토마토, 적양배추는 먹기 좋은 크기로 잘게 썬다. 오이는 길이로 2등분한 후 2cm 두께로 썬다. 민트잎은 돌돌 말아 채 썬다.

2. 푸드프로세서에 드레싱 재료를 넣고 곱게 간 후 ①과 골고루 섞는다.

하루 0.5끼
side-dish

심플 에그샐러드

가장 기본적인 달걀 샐러드이다. 보통은 샌드위치의 속 재료로 사용하는 것이 일반적이지만, 밀가루는 조금 멀리하는 것이 좋기 때문에 로메인이나 버터헤드 레터스 같은 녹색 잎채소와 함께 즐기는 것이 좋다. 색다르게 먹고 싶다면 '언위치(빵 대신 채소로 겉을 감싸 만든 샌드위치의 형태, Unwich)'로 만들어도 포만감 있게 먹을 수 있다.

SALAD

1~1.5인분 / 15분 / 냉장 보관 2~3일

- 달걀 4개
- 셀러리 10cm(20g)
- 로메인 6~8장(또는 다른 쌈채소)

드레싱
- 수제 마요네즈 50g
  (Tip 참고, 또는 아보카도 마요네즈, 올리브오일 마요네즈)
- 다진 양파 1큰술
- 다진 부추 1큰술(또는 다진 쪽파)
- 디종 머스터드 1/2큰술(또는 다른 머스터드)
- 레몬즙 1/2큰술
- 소금 약간
- 후춧가루 약간

1. 냄비에 달걀과 잠길 정도의 물을 붓고, 센 불에서 끓어오르면 약한 불로 줄여 12분간 삶은 후 한김 식혀 껍데기를 벗기고 먹기 좋은 크기로 썬다.
2. 셀러리는 먹기 좋게 송송 썬다.
3. 볼에 드레싱 재료를 섞는다.
4. 볼에 달걀, 셀러리, ③의 드레싱을 넣고 섞은 후 그릇에 담고 로메인을 곁들인다.

Tip 수제 마요네즈 만들기

원통형 용기에 아보카도오일 1과 1/4컵(250㎖), 달걀 1개, 디종 머스터드 1작은술, 사과사이다식초(또는 식초) 1작은술, 소금 약간을 넣고 핸드블렌더로 1~2분간 섞어 사용해요.
이때, 핸드블렌더가 용기 바닥에 닿은 상태에서 작동해야 마요네즈를 만들 수 있어요.
사용하고 남은 분량은 밀폐 용기에 넣어 냉장 보관(3~4일)해요.
시판 제품은 초슨 푸드 아보카도 마요, 마이노멀 올리브오일 마요를 추천해요.

하루 0.5끼
side-dish

페스토 달걀샐러드

출출하다는 생각이 들면 바로 만들 수 있는 쉽고 간단한 샐러드. 수란을 만드는 게 조금 귀찮다고 생각될 수 있지만 노력에 비해 깊은 맛을 낼 수 있는 것이 특징이다. 특히 샐러드에 곁들이는 바질페스토는 다른 어떤 요리와도 무난히 잘 어울려 활용도가 높다.

SALAD

1인분 / 15분
- 아보카도 1개(210g)
- 토마토 1개(150g)
- 달걀 2개
- 크러시드 페퍼 1작은술(생략 가능)

바질페스토
- 바질 10장(10g)
- 파르미지아노 레지아노 25g(또는 그라나파다노)
- 마늘 1개
- 캐슈너트버터 1큰술(또는 캐슈너트 2큰술)
- 올리브오일 5큰술
- 레몬즙 2작은술
- 소금 약간
- 후춧가루 약간

1 푸드프로세서에 바질페스토 재료를 넣고 곱게 간다.
2 아보카도는 껍질과 씨를 제거한 후 1cm 두께로, 토마토는 1cm 두께로 썬다.
3 작은 볼에 달걀 1개를 깬다. 물 5컵 + 식초 1큰술을 센 불에 올려 끓어오르면
  중약 불로 줄여 숟가락으로 저어 회오리를 만든다.
4 중앙에 달걀을 천천히 넣어 2분간 익혀 체로 건진다. 같은 방법으로 1개 더 만든다.
  * 중간중간 한쪽 방향으로 저어요.
5 그릇에 아보카도, 토마토, 수란을 올린 후 크러시드 페퍼, 바질페스토를 뿌린다.

멕시칸 토마토살사

피코 데 가요(Pico de gallo)로 불리는 이 샐러드는 '수탉의 부리'라는 의미로 해석되는 멕시코소스 중 하나. 토마토를 기본으로 하고 양파와 할라페뇨 등을 넣어 매콤하면서 신선한 맛을 내는 것이 특징이다. 샐러드처럼 먹어도 되고 타코, 부리토, 케사디야 등에 곁들여 먹어도 어울림이 좋다.

하루 0.5끼
side-dish

1인분 / 10분 / 냉장 보관 3~4일

- 토마토 2개(300g)
- 적양파 1/2개(100g)
- 고수 1줌(또는 셀러리잎, 15g)
- 다진 할라페뇨 1큰술(또는 청양고추)
- 라임즙 4큰술(또는 레몬즙)
- 다진 마늘 2작은술

1 토마토, 적양파는 사방 1cm 크기로 썬다. 고수는 곱게 다진다.

2 볼에 모든 재료를 넣고 섞는다.

SALAD

사천식 오이샐러드

파이황괴(拍黃瓜, 박황과)로 불리는 이 사천식 오이무침의 영어 이름은 'Smashed cucumber salad'이다. 두들긴 오이무침이라는 뜻인데, 말 그대로 두들겨진 오이의 틈새로 매콤하고 새콤한 양념이 배어 입맛을 돋우는 메뉴이다. 오이를 두들기는 게 시끄럽다면 체중을 실어 오이를 눌러도 좋다.

하루 0.5끼
side-dish

1~2회분 / 15분 / 냉장 보관 3~4일

- 오이 2개(400g)
- 소금 1/2작은술
- 다진 마늘 1큰술
- 사과사이다식초 2큰술(또는 다른 식초)
- 양조간장 2큰술
- 고추기름 2큰술(Tip 참고)
- 알룰로스 1작은술
- 참기름 2작은술
- 통깨 약간

1. 오이는 길이로 2등분한 후 밀대로 두들겨서 납작하게 한 후 한입 크기로 썬다.
   * 오이는 밀대가 없다면 칼날 옆면을 대고 체중을 실어 납작하게 눌러도 좋아요.

2. 볼에 오이와 소금(1/2작은술)을 넣어 섞은 후 10분간 둔다. 나머지 재료를 모두 넣어 섞는다.

Tip 고추기름 만들기

1. 내열 그릇에 다진 마늘 1큰술, 다진 생강 1작은술, 굵은 고춧가루 1작은술, 고운 고춧가루 1작은술, 소금 약간을 넣는다.
2. 냄비에 아보카도오일 8큰술(80㎖)을 넣고 중간 불에서 뜨겁게 달궈지면 ①에 부어 30분간 둔다. 고운 체에 걸러 사용하거나 취향에 따라 거르지 않아도 좋다.

SALAD

오이 페타치즈샐러드

아삭한 오이와 방울토마토, 진한 맛의 페타치즈가 어우러진 초간단 샐러드. 소개하는 레시피 중 가장 쉽고 간단한 샐러드가 아닐까 싶다. 복잡한 조리 과정이 없는 만큼 재료 본연의 맛이 중요한 레시피이기에, 신선하고 맛있는 재료를 선택하는 것이 필수.

하루 0.5끼
side-dish

1~2인분 / 10분

- 오이 1개(150g)
- 방울토마토 12~15개
- 적양파 1/4개(50g)
- 페타치즈 60g
- 블랙 올리브 슬라이스 2큰술
- 레드와인식초 1/2큰술(또는 발사믹식초)
- 올리브오일 5큰술
- 오레가노가루 1/2작은술
  (또는 다른 말린 허브가루, 생략 가능)
- 소금 약간
- 후춧가루 약간

1 오이는 길이로 2등분하고 2~3cm 두께로 썬다. 방울토마토는 오이와 비슷한 크기로 썬다. 적양파는 채 썬다. 페타치즈는 사방 1cm 크기로 썬다.

2 볼에 소금, 후춧가루를 제외한 모든 재료를 넣고 섞은 후 소금, 후춧가루를 넣고 가볍게 섞는다.
   * 부족한 간은 소금으로 더해요.

SALAD

116

아보카도 카프레제

토마토와 생모차렐라치즈, 바질이 어우러진 카프레제는 누구나 쉽게 만들 수 있고 늘 인기 있는 메뉴 중 하나이다. 이런 기본 카프레제가 조금 질린다면, 잘 익은 아보카도나 복숭아를 더해보자. 아보카도의 부드러움, 복숭아의 달콤한 향이 후각을 자극하는 색다른 맛의 향연을 만나게 될 것이다.

하루 0.5끼
side-dish

1인분 / 10분

- 아보카도 약 2개(또는 복숭아)
- 토마토 1개(150g)
- 생모차렐라치즈 1개(125g)
- 바질 10장(10g)
- 소금 1/4작은술
- 후춧가루 1/4작은술
- 올리브오일 약 2큰술
- 발사믹 글레이즈 약 2큰술

1. 아보카도는 껍질과 씨를 제거한 후 0.5cm 두께로 썬다. 토마토와 생모차렐라치즈도 0.5cm 두께로 먹기 좋게 썬다.

2. 그릇에 아보카도, 생모차렐라치즈, 토마토 순으로 담고 바질, 소금, 후춧가루, 올리브오일, 발사믹 글레이즈를 뿌린다.

SALAD

하루 0.5끼
side-dish

구운 가지 모차렐라샐러드

가지는 노릇하게 구우면 가지고 있던 수분은 날아가고 본연의 진한 맛은 훨씬 강력해진다. 이 샐러드는 신선한 생모차렐라치즈와 구운 토마토가 구운 가지와 어우러져 든든한 포만감을 준다. 재료나 조리법이 간단해 언제든 쉽게 만들 수 있는 것도 장점.

SALAD

1~1.5인분 / 40분
- 가지 2개(300g)
- 토마토 1개(150g)
- 생모차렐라치즈 1개(125g)
- 소금 약간
- 후춧가루 약간
- 바질 6~8장

밑간
- 소금 약간
- 올리브오일 약간

드레싱
- 올리브오일 6큰술
- 레몬즙 1큰술
- 다진 마늘 1~2작은술

1 볼에 드레싱 재료를 넣고 섞는다. 오븐은 200℃로 예열한다.
2 가지, 토마토는 1cm 두께로 썬다. 생모차렐라치즈는 먹기 좋게 찢는다.
3 가지의 앞뒤로 밑간 재료를 뿌리고 예열한 오븐에서 30분간 굽는다.
4 그릇에 구운 가지를 담고 ①의 드레싱 1/2분량을 뿌린 후 토마토, 생모차렐라치즈, 남은 드레싱, 소금, 후춧가루, 바질을 뿌린다.

하루 0.5끼
side-dish

구운 파프리카 부라타샐러드

파프리카는 생으로 먹을 때보다 구웠을 때 더 맛있는 채소로 손꼽힌다. 고온에 구워 채소가 가진 단맛과 감칠맛을 끌어내고, 고소한 부라타치즈와 적당한 산미의 드레싱을 조합해 최상의 조화를 이뤘다. 파프리카를 좋아하지 않는 사람들도 맛본다면 장바구니 가득 파프리카를 담아두게 할 만한 샐러드이다.

SALAD

1~2인분 / 30분 + 파프리카 재우기 10분
- 파프리카 4개(중간 크기, 400g)
- 부라타치즈 2개(250g)
- 허브 약간
  (바질, 타임, 로즈마리 등, 장식용)

밑간
- 올리브오일 2큰술
- 소금 약간
- 후춧가루 약간

드레싱
- 사과사이다식초 2큰술
- 레몬즙 1큰술
- 올리브오일 8큰술
- 크러시드 페퍼 1작은술(생략 가능)
- 다진 마늘 2작은술
- 소금 약간
- 후춧가루 약간

1 큰 볼에 드레싱 재료를 넣고 섞은 후 작은 볼에 1/2분량을 덜어둔다. 오븐은 230℃로 예열한다.
2 파프리카는 2등분해서 씨를 제거한 후 다른 그릇에 파프리카, 밑간 재료를 넣고 섞는다.
3 오븐팬에 ②를 넣고 예열한 오븐에서 10~12분, 뒤집어 10~12분간 굽는다.
4 ①의 큰 볼에 구운 파프리카를 넣고 드레싱에 버무려 10분간 두었다가 그릇에 올리고
  부라타치즈, 덜어둔 드레싱, 허브를 올린다.

하루 0.5끼
side-dish

구운 단호박 부라타샐러드

가을이 되면 더 맛있어지는 달콤한 단호박에 새콤한 산미를 더한 고소한 맛의 페스토소스, 크리미한 부라타치즈를 곁들였다. 단호박을 단순히 쪄서 먹기만 했었다면 새로운 신세계를 경험할 수 있는 맛이다. 한국적인 식재료로 이탈리아 요리가 완성되는 느낌을 받을 수 있다.

SALAD

1~2인분 / 30분 / 냉장 보관 2~3일

- 슬라이스 단호박 200~300g
- 부라타치즈 1개(125g)
- 올리브오일 약간
- 후춧가루 약간

밑간
- 녹인 버터 3큰술(30g)
- 소금 1/2작은술
- 후춧가루 1/2작은술

드레싱
- 바질 10장(10g)
- 파르미지아노 레지아노 25g (또는 그라나파다노)
- 마늘 1개
- 캐슈너트버터 1큰술 (또는 다른 견과버터)
- 올리브오일 5큰술
- 레몬즙 2작은술
- 소금 약간
- 후춧가루 약간

1 푸드프로세서에 드레싱 재료를 넣고 곱게 간다. 오븐은 220℃로 예열한다.

2 그릇에 슬라이스 단호박, 밑간 재료를 넣고 섞는다.
  * 버터는 내열 용기에 넣고 전자레인지에 녹이거나 뜨거운 물이 담긴 냄비에 넣어 중탕해요.
  버터의 온도가 너무 뜨겁지 않을 정도로 식혀 사용해요.

3 오븐팬에 ②를 담고 예열한 오븐에서 20~25분간 굽는다.

4 그릇에 ①의 드레싱 2큰술을 펴 바르고 구운 단호박을 쌓아 올린 후
  남은 소스, 부라타치즈, 올리브오일, 후춧가루를 뿌린다.

하루 0.5끼
side-dish

훈제 연어 루콜라샐러드

쌉싸래한 루콜라를 곁들인 훈제 연어샐러드. 루콜라가 훈제 연어의 기름기를 잡아주는 역할을 해 깔끔한 맛을 낸다. 훈제 연어 외에도 아보카도, 달걀을 더해 단백질과 지방을 충분히 섭취할 수 있다. 언제 먹어도 부담스럽지 않게 챙겨 먹을 수 있다는 점도 장점 중 하나.

SALAD

1~1.5인분 / 15분

- 훈제 연어 100g
- 루콜라 30g(또는 샐러드 채소)
- 달걀 2개
- 아보카도 1/2개(105g)
- 방울토마토 4~5개
- 양파 1/12개(16g)

드레싱

- 다진 딜 1작은술(또는 다른 말린 허브가루 1/3작은술)
- 소금 1/4작은술
- 레몬즙 1/4작은술
- 디종 머스터드 1/4작은술
- 올리브오일 2큰술

1 냄비에 달걀과 잠길 정도의 물을 붓고, 센 불에서 끓어오르면 약한 불로 줄여 7분간 반숙으로 삶는다. 한김 식혀 껍데기를 벗긴 후 반으로 썬다.

2 아보카도는 껍질과 씨를 제거한 후 한입 크기로 썬다. 방울토마토도 먹기 좋게 썬다. 양파는 채 썬다.

3 훈제 연어는 그대로 사용하거나 한입 크기로 썬다. 작은 볼에 드레싱 재료를 넣고 섞는다.

4 볼에 루콜라, ③의 드레싱 1큰술을 넣어 섞은 후 그릇에 담고 양파, 방울토마토, 반숙 달걀, 훈제 연어, 아보카도를 순서대로 올리고 남은 드레싱을 뿌린다.

90초 저탄수 달걀빵

식빵을 먹고 싶은데, 밀가루는 피하고 싶고 오븐은 없다면? 전자레인지로 만들 수 있는 저탄수화물 빵을 시도해보자. 90초 만에 전자레인지에서 빵이 탄생한다. 달걀이 주재료인 탓에 달걀 비린내가 난다는 피드백도 있었지만, 빵을 썰어 토스트한다면 달걀 냄새는 현저히 줄어든다.

DESSERT

하루 0.5끼
side-dish

1회분 / 5분 / 실온 보관 1~3일

- 실온 달걀 1개
- 아몬드가루 3큰술(30g)
- 녹인 버터 1과 1/2큰술
  (또는 코코넛오일, 15g)
- 베이킹파우더 1/2작은술
- 소금 약간

1 내열 용기에 모든 재료를 넣고 섞어 전자레인지에 90초간 돌린다.
  ★ 버터는 내열 용기에 담아 전자레인지에 녹이거나 뜨거운 물이 담긴 냄비에 넣어 중탕해요. 버터의 온도가 너무 뜨겁지 않을 정도로 식혀 사용해요.

씨앗 치즈칩

가벼운 느낌으로 먹을 수 있는 치츠칩. 해바라기씨, 호박씨를 넣어 그 자체로 고소한 맛이 있는 것이 특징이다. 바삭하고 짭짤해 그냥 즐겨도 좋지만 다른 요리에 곁들이거나 요리를 장식하는 가니쉬로 올리면 요리가 한 단계 더 업그레이드된 것 같은 느낌을 준다.

하루 0.5끼
side-dish

15~20개분 / 20분 / 실온 보관 6~7일

- 파르미지아노 레지아노 간 것 10큰술 (또는 그라노파다노, 60g)
- 해바라기씨 2큰술(또는 호박씨, 18g)
- 호박씨 2큰술(또는 해바라기씨, 20g)
- 치아씨드 1큰술(7g)

1 볼에 모든 재료를 넣고 섞는다. 오븐은 180℃로 예열한다.

2 오븐팬에 ①을 15~20개가 되도록 숟가락이나 쿠키 스쿱으로 떠서 2cm 간격을 두고 올린다. 예열한 오븐에서 10~14분간 구운 후 식힌다.

* 납작하게 누르지 않아도 구우면서 저절로 얇게 펴져요.

DESSERT

127

하루 0.5끼
side-dish

홈메이드 저탄수 그래놀라

그래놀라는 건강식으로 알려졌지만, 시중에 판매되는 그래놀라들은 혈당에 치명적일 정도로 당류가 많은 편이다. 이제는 집에서 직접 저탄수 재료들로 그래놀라를 만들어보자. 바삭하고 달콤한 그래놀라를 그릭 요거트에 두 큰술 정도 올려 먹으면 만족스러운 간식이 된다.

DESSERT

16회분 / 40분 / 실온 보관 9~10일
- 달걀흰자 2개분
- 헤이즐넛 13큰술(또는 마카다미아, 130g)
- 피칸 10큰술(또는 호두, 70g)
- 아몬드 슬라이스 7큰술(35g)
- 호박씨 3큰술(또는 해바라기씨, 30g)
- 해바라기씨 2큰술(또는 호박씨, 20g)
- 치아씨드 2큰술(14g, 생략 가능)
- 에리스리톨 약 4큰술
  (또는 알룰로스가루, 50g)
- 시나몬가루 1/2작은술
- 넛맥가루 1/4작은술(생략 가능)

1. 헤이즐넛, 피칸은 굵게 다진다. 오븐은 160℃로 예열한다.
2. 볼에 달걀흰자를 넣고 핸드믹서로 뒤집어도 흘러내리지 않을 정도의 단단한 머랭을 만든다.
3. 볼에 모든 재료를 넣고 섞은 후 ②의 머랭을 넣어 가볍게 섞는다.
4. 오븐팬에 종이포일을 깐 후 ③을 넓게 펴고 예열한 오븐에서 20~25분간 구운 후 완전히 식힌다.
   ★ 그래놀라는 식으면서 더 바삭한 식감을 내요.

Tip 에리스리톨

설탕을 대체하는 감미료의 일종이에요. 설탕의 약 70~80% 정도의 단맛을 내며, 칼로리가 낮아 최근 설탕의 대체재로 많이 쓰이고 있어요. 알룰로스가루와 동량으로 대체 가능해요.

하루 0.5끼
side-dish

모차렐라 치즈칩

단 2가지의 재료로 만들 수 있는 치즈칩! 앞선 샐러드 레시피에서 소개한 양배추 그린샐러드(108쪽), 적양배추 레드샐러드(109쪽), 멕시칸 토마토살사(114쪽) 등과 환상의 궁합을 보여줄 것이다.
물론 샐러드 없이 그냥 먹어도 좋다. 고소한 맛이 언제 먹어도 기분 좋은 간식이 되어준다.

DESSERT

20~30개분 / 30분 / 실온 보관 7일
- 슈레드 피자치즈 4와 1/2컵(450g)
- 아몬드가루 1컵(100g)

1 내열 용기에 슈레드 피자치즈를 넣고 전자레인지에 1~2분간 돌려 완전히 녹인다.
오븐은 180°C로 예열한다.

2 ①에 아몬드가루를 넣고 손으로 주물러가며 완전히 섞는다.

3 종이포일에 ②를 올리고 다른 종이포일로 덮어 밀대를 사용해 0.5cm 두께로 민다.
* 반죽을 최대한 얇게 밀어야 바삭해요.

4 윗면의 종이포일을 제거하고 칼이나 피자커터를 사용해 삼각형 모양으로 썬다.

5 오븐팬에 적당한 간격을 두고 올린 후 예열한 오븐에서 12~15분간 노릇하게 구워
완전히 식힌다.

하루 0.5끼
side-dish

르뱅 스타일 초코칩쿠키

레미레미 유튜브 채널을 운영하면서 가장 많은 조회수를 얻은 메뉴이다. 뉴욕의 르뱅 베이커리 쿠키에서 영감을 얻은 쿠키로 초콜릿과 견과를 듬뿍 넣어 볼륨이 넘친다. 여기에 겉은 바삭하고 속은 촉촉한 것이 매력이다. 쿠키에 사용하는 달걀은 실온에 꺼내둔 것이 좋고, 차가울 경우 따뜻한 물에 5분간 담갔다가 사용하도록 한다.

DESSERT

10개분 / 20분 + 휴지하기 20분
실온 보관 3~4일 / 냉장 보관 9~10일

- 실온 버터 115g
- 에리스리톨 약 8큰술
  (또는 알룰로스가루, 100g)
- 실온 달걀 1개
- 아몬드가루 약 1과 3/4컵(180g)
- 베이킹소다 1작은술
- 소금 약간
- 다크 초콜릿 80g
- 피칸 약 1/2컵(또는 다른 견과류, 60g)

1 다크 초콜릿, 피칸은 적당한 크기로 다진다.
2 볼에 버터, 에리스리톨을 넣고 핸드믹서 또는 주걱을 사용해 섞은 후
　달걀, 아몬드가루, 베이킹소다, 소금을 넣고 충분히 섞는다.
3 ①을 넣고 가볍게 섞는다.
4 오븐팬에 종이포일을 깐 후 반죽을 10개가 되도록 숟가락이나 쿠키 스쿱으로 떠서 올린다.
　오븐은 220℃로 예열한다.
5 랩을 씌우고 냉동실에 15~20분간 넣어 차갑게 한 후 예열한 오븐에서 10~12분간 굽는다.
　* 냉동실에 오래 넣어 두면 너무 차갑게 식어서 잘 부풀지 않아요.
6 오븐팬에서 그대로 완전히 식힌다.
　* 뜨거울 때 옮기면 쿠키가 부서질 수 있으니 주의해요.

Tip 에리스리톨

설탕을 대체하는 감미료의 일종이에요. 설탕의 약 70~80% 정도의 단맛을 내며, 칼로리가 낮아 최근 설탕의 대체재로 많이 쓰이고 있어요. 알룰로스가루와 동량으로 대체 가능해요.

하루 0.5끼
side-dish

땅콩버터쿠키

땅콩버터는 그냥 먹어도 맛있지만, 쿠키로 만들어 먹으면 또 색다른 맛을 낸다. 100% 땅콩버터를 사용해 만드는 것이 포인트이며, 5가지 재료만으로 만들 수 있어 더욱 좋은 레시피이다. 이 쿠키는 구운 후 오븐팬에서 그대로 식혀야 부서지지 않는 좋은 결과물을 얻을 수 있다.

DESSERT

12~15개분 / 30분
실온 보관 2~3일 / 냉장 보관 9~10일

- 100% 땅콩버터 250g(Tip 참고)
- 실온 달걀 1개
- 에리스리톨가루 5와 1/3큰술
  (또는 알룰로스가루, 70g)
- 바닐라 익스트랙 1/2작은술(생략 가능)
- 소금 약간

1. 볼에 모든 재료를 넣고 섞는다. 오븐은 180℃로 예열한다.

   * 에리스리톨가루는 푸드프로세서에 에리스리톨을 넣고 곱게 갈아 만든 것으로 입자가 고와 재료와 쉽게 섞이고 잘 녹아 액체 등에 사용하기 좋아요.

2. 오븐팬에 종이포일을 깐 후 ①의 반죽을 12~15개가 되도록 숟가락이나 쿠키 스쿱으로 떠서 올린다. 손바닥으로 굴려 동그랗게 만든다.

3. 쿠키 윗면을 손으로 눌러 납작하게 하고 포크의 뒷면을 사용해 십자 모양으로 누른다.

4. 예열한 오븐에서 12~15분간 구운 후 그대로 20분 이상 충분히 식힌다.

Tip 땅콩버터 만들기

푸드프로세서에 분량의 땅콩을 넣고 10분 정도 곱게 갈면 땅콩이 가진 기름이 나오면서 수제 땅콩버터가 완성돼요. 시판 제품을 선택할 때는 땅콩 100%로 만들어진 무가당 제품을 선택하는 것이 좋아요.

하루 0.5끼
side-dish

초콜릿 아몬드비스코티

초콜릿과 아몬드를 넣어 달콤 쌉싸래한 맛과 고소함을 가득 담은 비스코티 쿠키. 비스코티(Biscotti)는 이탈리아어로 '두 번 굽는다'는 뜻을 가진 쿠키로 두 번 구웠기 때문에 매우 바삭한 식감을 내는 것이 특징이며 진한 커피와도 잘 어울려 인기가 좋다. 처음 구운 비스코티 반죽은 빵칼을 사용해 썰면 잘 부서지지 않는다.

DESSERT

13~16개분 / 60분 + 식히기 45분
실온 보관 3~4일 / 냉장 보관 9~10일

- 아몬드가루 약 2와 1/4컵(240g)
- 실온 달걀 2개
- 에리스리톨 4큰술
  (또는 알룰로스가루, 50g)
- 녹인 버터 3큰술(또는 코코넛오일, 30g)
- 베이킹파우더 1작은술
- 아몬드 익스트랙 1작은술(생략 가능)
- 아몬드 2큰술(20g)
- 다크 초콜릿 40g

1. 아몬드, 다크 초콜릿은 굵게 다진다.
2. 볼에 ①을 제외한 모든 재료를 섞은 후 아몬드, 다크 초콜릿을 넣고 가볍게 섞는다.
   오븐은 180℃로 예열한다.
   * 버터는 내열 용기에 넣고 전자레인지에 녹이거나 뜨거운 물이 담긴 냄비에 넣어 중탕해요.
   버터의 온도가 너무 뜨겁지 않을 정도로 식혀 사용해요.
3. 오븐팬에 종이포일을 깐 후 ②를 올려 직사각형 모양으로 성형한다.
   * 반죽이 끈적인다면 손에 아보카도오일을 약간 발라도 좋아요.
4. 예열한 오븐에서 20~30분간 구운 후 실온에서 30~45분간 충분히 식힌다.
5. ④를 1.5cm 두께로 썰어 오븐팬에 올려 175℃로 예열한 오븐에서 10~12분,
   뒤집어 10분간 더 구운 후 오븐문을 1~2cm 열고 천천히 식힌다.

Tip   에리스리톨

설탕을 대체하는 감미료의 일종이에요. 설탕의 약 70~80% 정도의 단맛을 내며, 칼로리가 낮아 최근 설탕의 대체재로 많이 쓰이고 있어요. 알룰로스가루와 동량으로 대체 가능해요.

하루 0.5끼
side-dish

블루베리 크럼블

블루베리크럼블 또한 유튜브에서 많은 사랑을 받은 메뉴이다. 블루베리 대신에 다른 과일을 사용해도 되지만, 개인적으로는 블루베리가 가장 맛있다고 생각된다. 겉은 바삭하면서 안에는 쫀득한 블루베리잼이 포인트이며, 한번 만들면 순식간에 사라질 정도로 호불호가 적은 레시피이기도 하다.

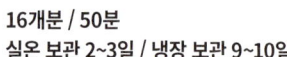

16개분 / 50분
실온 보관 2~3일 / 냉장 보관 9~10일

크럼블
- 아몬드가루 2컵(200g)
- 코코넛가루 4큰술
- 단백질파우더 40g(플레인 또는 바닐라맛)
- 에리스리톨 약 4와 1/2큰술
  (또는 알룰로스가루, 60g)
- 녹인 버터 12큰술
  (또는 코코넛오일, 120g)
- 소금 약간

블루베리잼
- 블루베리 2컵
  (또는 냉동 블루베리, 300g)
- 에리스리톨 약 3큰술
  (또는 알룰로스가루, 40g)
- 레몬즙 1~2큰술
- 물 1~2큰술
- 잔탄검 1/4작은술(생략 가능)
- 시나몬가루 1/4작은술

토핑
- 에리스리톨 약간
  (또는 알룰로스가루)

1 냄비에 블루베리잼 재료 중 블루베리, 에리스리톨, 레몬즙, 물을 넣고
  중간 불에서 끓어오르면 잔탄검, 시나몬가루를 넣어 5~7분간 끓인다.

2 지름 20cm 사각팬에 종이포일을 깐다. 오븐은 180℃로 예열한다.

3 볼에 크럼블 재료를 넣고 섞어 가볍게 반죽한다.
  1/4 분량은 따로 덜어 두고 나머지는 ②의 팬에 눌러 담는다.
  * 버터는 내열 용기에 넣고 전자레인지에 녹이거나 뜨거운 물이 담긴 냄비에 넣어 중탕해요.
    버터의 온도가 너무 뜨겁지 않을 정도로 식혀 사용해요.

4 블루베리잼을 골고루 올린다.

5 덜어둔 ③의 크럼블 반죽을 뿌리고 손으로 살짝 누른 후 윗면에 에리스리톨(약간)을 뿌린다.
  * 에리스리톨을 뿌리면 더 달콤하고 바삭한 크럼블이 돼요.

6 예열한 오븐에서 35~40분간 표면이 노릇해질 때까지 구운 후 완전히 식으면 팬에서 꺼내 16조각으로 썬다.

Tip　잔탄검

잔탄검은 식품 첨가물의
일종으로 잼이나
커스터드크림을 만들 때
사용하면 걸쭉하게 만들어
주는 역할을 해요.

하루 0.5끼
side-dish

레몬 파운드케이크

파운드케이크는 들어가는 주재료를 1파운드씩 넣어 만들었다고 해서 붙여진 이름이다.
달걀, 버터, 밀가루, 설탕을 1:1 비율로 만드는 것이 가장 베이직한 레시피이지만,
이 레몬 파운드케이크는 정통 파운드케이크보다는 가벼운 느낌으로 먹을 수 있다.
특히 레몬의 상큼함을 좋아한다면 이 레시피 또한 사랑하게 될 것이다.

DESSERT

12개분 / 1시간 30분 + 식히기 30분
실온 보관 2~3일 / 냉장 보관 9~10일

- 실온 크림치즈 160g
- 실온 버터 8과 1/3큰술
  (또는 코코넛오일, 85g)
- 에리스리톨 약 8큰술
  (또는 알룰로스가루, 100g)
- 실온 달걀 6개
- 아몬드가루 3컵(300g)
- 코코넛가루 약 12큰술(90g)
- 레몬즙 4큰술(60㎖)
- 베이킹파우더 3작은술
- 레몬제스트 1개분(Tip 참고)

레몬글레이즈
- 에리스리톨가루 약 8큰술
  (또는 알룰로스가루, 100g)
- 생크림 4큰술(또는 코코넛크림, 60㎖)
- 레몬제스트 1작은술

1. 볼에 레몬글레이즈 재료를 넣고 섞는다. 파운드틀(21×8.5cm)에 종이포일을 깐다. 오븐은 180℃로 예열한다.
   * 에리스리톨가루는 푸드프로세서에 에리스리톨을 넣고 곱게 갈아 만든 것으로 입자가 고와 재료와 쉽게 섞이고 잘 녹아 액체 등에 사용하기 좋아요.
2. 볼에 크림치즈, 버터, 에리스리톨을 넣고 거품기로 섞는다.
3. 달걀, 아몬드가루, 코코넛가루, 레몬즙, 베이킹파우더, 레몬제스트를 넣고 섞은 후 파운드틀에 붓고 윗면을 평평하게 한다.
4. 예열한 오븐에서 60~70분간 구워 틀에서 분리하지 않고 20~30분간 식힌 후 틀에서 꺼내 완전히 식힌다. 레몬글레이즈를 뿌리고 12조각으로 썬다.

Tip 제스트 만들기

라임, 레몬, 오렌지 등의 시트러스류는 풍미가 강한 껍질을 얇게 저미거나 다져서 요리에 활용하는데 이것을 제스트라고 불러요. 칼이나 필러, 제스터로 껍질만 벗겨 다지세요. 이때 흰색 속껍질이 들어가면 쓴맛이 나니 주의해요.

하루 0.5끼
side-dish

노오븐 딸기 생크림케이크

이 케이크는 이왕이면 생딸기로 만드는 것을 추천한다. 제철을 맞은 딸기는 그보다 맛있을 수 없으니까 말이다. 조금만 노력하면 동네 디저트 숍에서 파는 딸기 생크림케이크 못지않게 달콤하고 폭신한 케이크를 완성할 수 있다. 혈당 자극도 적어 부담 없이 먹을 수 있는 점도 좋다.

DESSERT

2회분 / 20분 / 냉장 보관 3~4일

스펀지케이크
- 실온 달걀 1개
- 에리스리톨 약 2와 1/3큰술 (또는 알룰로스가루, 30g)
- 아몬드가루 3큰술(30g)
- 녹인 버터 1과 1/2큰술 (또는 코코넛오일, 15g)
- 코코넛가루 1/2작은술
- 베이킹파우더 1/2작은술
- 바닐라 익스트랙 1/2작은술(생략 가능)
- 소금 약간

토핑
- 생크림 8큰술(또는 코코넛크림, 120㎖)
- 에리스리톨가루 약 2와 1/2작은술 (또는 알룰로스가루, 10g)
- 딸기 5~8개(또는 다른 제철 생과일)

1 볼에 스펀지케이크 재료를 넣고 섞은 후 내열 컵에 담고 전자레인지에서 60~90초간 돌린 후 완전히 식힌다.
  * 버터는 내열 용기에 넣고 전자레인지에 녹이거나 뜨거운 물이 담긴 냄비에 넣어 중탕해요.
    버터의 온도가 너무 뜨겁지 않을 정도로 식혀 사용해요.
2 컵에서 스펀지케이크를 꺼내 가로로 2등분한 후 1조각은 다시 컵에 넣는다.
3 볼에 토핑 재료의 생크림, 에리스리톨가루를 넣고 핸드믹서로 휘핑한다.
  * 볼을 뒤집었을 때 흐르지 않을 정도로 휘핑해요.
  * 에리스리톨가루는 푸드프로세서에 에리스리톨을 넣고 곱게 갈아 만든 것으로
    입자가 고와 재료와 쉽게 섞이고 잘 녹아 액체 등에 사용하기 좋아요.
4 ②에 ③의 크림 1/2분량을 올리고 적당한 크기로 썬 딸기 1/2분량을 올린다.
  남은 ②의 스펀지케이크를 덮고 남은 생크림과 딸기로 장식한다.

하루 0.5끼
side-dish

세 가지 우유케이크

'트레스 레체스(Tres Leches)'라고도 불리는 세 가지 우유케이크의 원래 레시피에는 '헤비크림, 무가당 연유, 가당 연유' 세 가지가 사용된다. 여기서는 생크림, 아몬드밀크, 크림치즈를 사용했다. 전자레인지를 이용해 케이크를 만들 때는 오버쿡 되지 않도록 중간중간 꺼내어 확인해보는 것이 좋다.

DESSERT

2회분 / 30분 + 숙성시키기 2시간
냉장 보관 3~4일

케이크
- 실온 달걀 3개
- 아몬드가루 1컵(100g)
- 에리스리톨 약 8큰술
  (또는 알룰로스가루, 100g)
- 코코넛가루 1큰술
- 생크림 2큰술(또는 코코넛크림)
- 베이킹파우더 1작은술
- 레몬즙 1/2작은술
- 녹인 버터 약간(또는 코코넛오일)

소스
- 생크림 8큰술(또는 코코넛크림, 120㎖)
- 아몬드밀크 8큰술(또는 코코넛밀크, 120㎖)
- 에리스리톨가루 2큰술
  (또는 알룰로스가루, 26g)
- 바닐라 익스트랙 1작은술
- 잔탄검 1/4작은술(생략 가능)
- 소금 약간

휘핑크림
- 생크림 8큰술(또는 코코넛크림, 120㎖)
- 크림치즈 1작은술
- 에리스리톨가루 1작은술
  (또는 알룰로스가루)

1 볼에 소스 재료를 넣고 에리스리톨가루가 녹을 때까지 핸드믹서나 거품기로 충분히 섞는다.
　* 에리스리톨가루는 푸드프로세서에 에리스리톨을 넣고 곱게 갈아 만든 것으로
　　입자가 고운 재료와 쉽게 섞이고 잘 녹아 액체 등에 사용하기 좋아요.
2 내열 용기 안쪽에 실리콘 붓을 이용해서 실온 상태의 버터(분량 외)를 얇게 펴 바른다.
3 볼에 케이크 재료를 넣고 섞은 후 내열 용기(1.5ℓ)에 붓고 전자레인지에서 3~5분간 돌린다.
　* 3분가량 돌린 후 가운데가 익을 때까지 시간을 추가하며 돌려요.
　* 버터는 내열 용기에 넣고 전자레인지에 녹이거나 뜨거운 물이 담긴 냄비에 넣어 중탕해요.
　　버터의 온도가 너무 뜨겁지 않을 정도로 식혀 사용해요.
4 케이크가 완전히 식으면 젓가락을 사용해 중간중간 구멍을 낸 후 ①을 부어 냉장실에 넣어
　2시간 동안 둔다.
5 볼에 휘핑크림 재료를 넣고 핸드믹서로 2~3분간 휘핑해서 ④ 위에 올리고 먹기 좋은 크기로 썬 후
　기호에 따라 시나몬가루(분량 외)를 뿌린다. * 휘핑크림은 케이크 위에 올리거나 곁들여 먹어도 돼요.

Tip　잔탄검

잔탄검은 식품 첨가물의
일종으로 잼이나
커스터드크림을 만들 때
사용하면 걸쭉하게 만들어
주는 역할을 해요.

하루 0.5끼
side-dish

전자레인지 키토 티라미수

'나를 끌어올린다'는 뜻의 달콤한 디저트, 티라미수. 보통은 손가락 모양의 비스킷인 레이디핑거를 사용하지만, 이 키토 티라미수는 스펀지케이크의 밀가루와 설탕을 아몬드가루와 에리스리톨로 대체해 탄수화물 섭취량을 줄인 것이 특징이다. 오븐 없이도 전자레인지로 스펀지케이크를 만들 수 있어 누구나 쉽게 도전할 수 있는 것도 장점.

DESSERT

2회분 / 20분 + 숙성시키기 2시간
냉장 보관 2~3일

- 마스카르포네치즈 80g(또는 크림치즈)
- 생크림 1큰술(또는 코코넛크림, 15㎖)
- 에리스리톨 2큰술(또는 알룰로스가루, 26g)
- 바닐라 익스트랙 1/4작은술(생략 가능)
- 에스프레소 4큰술(또는 진한 커피, 60㎖)
- 무가당 코코아파우더 적당량

스펀지케이크
- 실온 달걀 1개
- 아몬드가루 4큰술(40g)
- 에리스리톨 1큰술(또는 알룰로스가루, 13g)
- 녹인 버터 3큰술(또는 코코넛오일, 30g)
- 코코넛가루 2작은술
- 베이킹파우더 1/4작은술
- 바닐라 익스트랙 1/4작은술(생략 가능)
- 소금 약간

1. 볼에 스펀지케이크 재료를 넣고 섞은 후 지름 10cm 정사각형 내열 용기에 붓는다.
   * 버터는 내열 용기에 넣고 전자레인지에 녹이거나 뜨거운 물이 담긴 냄비에 넣어 중탕해요. 버터의 온도가 너무 뜨겁지 않을 정도로 식혀 사용해요.

2. ①을 전자레인지에 넣고 1분 30초~2분 30초간 돌린 후 꺼내 완전히 식혀 작은 큐브 모양으로 썬다.

3. 볼에 마스카르포네치즈, 생크림, 에스트리톨, 바닐라 익스트랙을 넣고 핸드믹서로 섞는다.

4. 컵을 2개 준비한다. 에스프레소에 적신 ②를 1/4분량 넣고 ③을 1/4분량 올린다. 이 과정을 1회 반복한 후 윗면에 무가당 코코아파우더를 뿌린다. 같은 방법으로 1개 더 만들어 냉장실에 2시간 이상 둔다.

Tip 마스카르포네치즈

이탈리아 크림치즈의 일종으로 티라미수와 같은 디저트에 흔히 사용되는 재료이지만, 일반 요리에도 사용돼요. 약간의 단맛이 있으면서 크림치즈보다 부드러운 맛을 내요.

Tip 바닐라 익스트랙

향신료인 바닐라 빈을 물, 알코올 등을 이용해 추출한 것으로, 달걀의 비린내를 잡아주는 역할을 해요. 주로 달걀로 만드는 케이크, 디저트 종류에 많이 쓰여요.

초콜릿 아보카도푸딩

5분이면 만들 수 있는 간단한 푸딩. 휘리릭 만들어 냉장고에 채워 넣는 것만으로 든든한 느낌을 준다. 달콤하며 부드럽고 건강한 지방으로 가득 채워진 한 컵은 살짝 출출할 때 허기를 달래주는 탁월한 선택이 될 것이다. 기호에 따라 토핑은 자유롭게 올려도 좋다.

하루 0.5끼
side-dish

2회분 / 10분 + 숙성시키기 30분
냉장 보관 2~3일

- 아보카도 1개(210g)
- 치아씨드 1과 1/2큰술(10g)
- 무가당 코코아파우더 4큰술(20g)
- 아몬드밀크 4큰술
 (또는 코코넛밀크, 60㎖)
- 메이플시럽 약 3큰술
 (또는 알룰로스, 50㎖)
- 바닐라 익스트랙 1/4작은술(생략 가능)
- 소금 약간

토핑
- 견과류 약간
- 다크 초콜릿 약간

1. 아보카도는 껍질과 씨를 제거해 작게 썬다.
2. 푸드프로세서에 모든 재료를 넣고 곱게 간다. 2개의 컵에 나눠 담고 냉장실에 넣어 30분 이상 둔다. 견과류, 초콜릿 등 원하는 토핑을 올린다.

DESSERT

베리베리 단백질푸딩

치아씨드가 듬뿍 들어간 단백질 푸딩. 치아씨드는 액체와 만나면 불어나는 성질이 있는데, 이 불어난 것이 마치 젤리 같이 진득한 식감을 내곤 한다. 식이섬유가 풍부한 재료라 공복도 잘 달래준다. 출출할 때 먹는 디저트로는 이만한 것이 없다.

하루 0.5끼 side-dish

1~2회분 / 10분 + 숙성시키기 4시간
냉장 보관 2~3일

- 코코넛밀크 1과 1/2컵
  (또는 아몬드밀크, 300㎖)
- 블루베리 1/2컵
  (또는 냉동 블루베리, 50g)
- 딸기 2~3개(50g)
- 단백질파우더 1큰술
  (플레인 또는 바닐라맛, 15g, 생략 가능)
- 치아씨드 약 4큰술(30g)
- 레몬즙 1~2큰술
- 알룰로스 2~3큰술

토핑
- 딸기 약간
- 블루베리 약간

1   푸드프로세서에 토핑을 제외한 모든 재료를 넣고 곱게 간다.

2   2개의 컵에 ①을 나눠 담고 냉장실에 넣어 4시간 이상 둔다. 딸기, 블루베리 등 원하는 토핑을 올린다.

DESSERT

코코넛 아보카도스무디

부드러운 코코넛밀크와 고소한 아보카도를 넣어 만든 크리미한 스무디에 쌉싸래하고 달콤한 초콜릿을 토핑했다. 모든 재료를 믹서기에 넣고 갈기만 하면 완성되는 간단한 레시피로 쉽고 빠르게 든든한 스무디를 만들 수 있다. 달콤함을 더하는 알룰로스는 취향에 따라 가감하면 된다.

하루 0.5끼
side-dish

1회분 / 10분
- 아보카도 1/2개(105g)
- 코코넛밀크 약 1/2컵 (또는 아몬드밀크, 120㎖)
- 아몬드밀크 약 1/2컵 (또는 코코넛밀크, 120㎖)
- 무가당 코코아파우더 1큰술
- 알룰로스 2~4큰술
- 바닐라 익스트랙 1/4작은술(생략 가능)
- 소금 약간
- 얼음 4~5개
- 토핑용 다크 초콜릿 적당량

1 아보카도는 껍질과 씨를 제거한 후 적당한 크기로 썬다.

2 믹서에 토핑용 다크 초콜릿을 제외한 모든 재료를 넣고 곱게 갈고 컵에 담은 후 토핑용 다크 초콜릿을 올린다.

Tip 바닐라 익스트랙

향신료인 바닐라 빈을 물, 알코올 등을 이용해 추출한 것으로, 달걀의 비린내를 잡아주는 역할을 해요. 주로 달걀로 만드는 케이크, 디저트 종류에 많이 쓰여요.

SMOOTHIE

블루베리 MCT 스무디

MCT오일이 들어간 블루베리 스무디. MCT오일은 지방을 태워주며
효율적인 에너지원이 될 수 있다고 알려진 강력한 오일이다. 단,
과다복용할 시에는 화장실에 자주 가야 하는 상황이 올 것이다.
다른 재료는 취향에 따라 양을 조절해도 되지만,
MCT오일만큼은 아래 권장량을 지킬 것을 추천한다.

하루 0.5끼
side-dish

1회분 / 5분

- 냉동 블루베리 1/4컵(40g)
- 아몬드밀크 약 1/2컵
  (또는 코코넛밀크, 120㎖)
- 생크림 4큰술(또는 코코넛크림, 60㎖)
- 알룰로스 2~4큰술
- 바닐라 익스트랙 1/2작은술(생략 가능)
- MCT오일 1작은술(또는 코코넛오일)
- 얼음 5~6개

1 믹서에 모든 재료를 넣고 곱게 간다.

Tip   MCT오일

MCT(Medium chain triglyceride :
중간사슬지방) 오일은 지방산 사슬이
길지 않아 체내에서 빨리 분해되어 에너지를
빠르게 얻을 수 있어요.

SMOOTHIE

Index

[주재료별 메뉴 찾기]

쇠고기
- 동남아풍 칠리 비프쌈 ······ 66
- 토마토 크림 함박스테이크와 버터 양배추볶음 ······ 68
- 미트볼과 오이 요거트소스 ······ 70
- 태국식 비프샐러드 ······ 72
- 채소 듬뿍 차돌된장찌개 ······ 74
- 부드러운 쇠고기스튜 ······ 76
- 뼈 없는 갈비찜 ······ 78

돼지고기
- 대파 제육볶음 ······ 58
- 된장 삼겹구이와 부추무침 ······ 60
- 돼지고기 새우 완자탕 ······ 62
- 아보카도와 오이 돼지고기 쌈 ······ 64
- 동남아풍 칠리 비프쌈 ······ 66
- 토마토 크림 함박스테이크와 버터 양배추볶음 ······ 68
- 미트볼과 오이 요거트소스 ······ 70

닭고기
- 꽈리고추 통마늘 닭볶음 ······ 42
- 닭다리살 채소볶음과 갈릭 요거트소스 ······ 44
- 프렌치 어니언치킨 ······ 46
- 선드라이드 토마토치킨 ······ 48
- 크리미 토마토치킨과 시금치 ······ 50
- 버터 치킨 콜리플라워 라이스 ······ 52
- 스리라차 버팔로치킨과 랜치소스 ······ 54
- 단백질 폭탄 치킨 버섯피자 ······ 56
- 닭고기 달걀수프 ······ 104

양고기
- 양갈비구이와 치미추리소스 ······ 80

새우
- 돼지고기 새우 완자탕 ······ 62
- 콜리플라워 새우볶음밥 ······ 82
- 새우세비체 ······ 84

연어
- 구운 채소 연어샐러드와 땅콩버터 드레싱 ······ 86
- 아스파라거스 연어구이와 홀랜다이즈소스 ······ 88
- 허브 머랭 연어구이와 시금치볶음 ······ 90
- 훈제 연어 루콜라샐러드 ······ 124

달걀
- 할라페뇨 버섯오믈렛 ······ 36
- 아보카도와 멕시칸오믈렛 ······ 38
- 마스카르포네 프리타타 ······ 40
- 콜리플라워 새우볶음밥 ······ 82
- 허브 머랭 연어구이와 시금치볶음 ······ 90
- 닭고기 달걀수프 ······ 104
- 심플 에그샐러드 ······ 110
- 페스토 달걀샐러드 ······ 112
- 90초 저탄수 달걀빵 ······ 126
- 홈메이드 저탄수 그래놀라 ······ 128
- 르뱅 스타일 초코칩쿠키 ······ 132
- 땅콩버터쿠키 ······ 134
- 초콜릿 아몬드비스코티 ······ 136
- 레몬 파운드케이크 ······ 140
- 노오븐 딸기 생크림케이크 ······ 142
- 세 가지 우유케이크 ······ 144
- 전자레인지 키토 티라미수 ······ 146

치즈
- 할라페뇨 버섯오믈렛 ······ 36
- 아보카도와 멕시칸오믈렛 ······ 38
- 마스카르포네 프리타타 ······ 40
- 프렌치 어니언치킨 ······ 46
- 선드라이드 토마토치킨 ······ 48
- 크리미 토마토치킨과 시금치 ······ 50
- 단백질 폭탄 치킨 버섯피자 ······ 56
- 가지 파마산 ······ 92
- 심플 가지피자 ······ 94
- 콜리플라워 마르게리타피자 ······ 96
- 오이 페타치즈샐러드 ······ 116
- 아보카도 카프레제 ······ 117
- 구운 가지 모차렐라샐러드 ······ 118
- 구운 파프리카 부라타샐러드 ······ 120
- 구운 단호박 부라타샐러드 ······ 122
- 씨앗 치즈칩 ······ 127
- 모차렐라 치즈칩 ······ 130
- 세 가지 우유케이크 ······ 144
- 전자레인지 키토 티라미수 ······ 146

그릭 요거트
- 닭다리살 채소볶음과 갈릭 요거트소스 ······ 44

버터 치킨 콜리플라워 라이스 ········· 52
스리라차 버팔로치킨과 랜치소스 ········· 54
미트볼과 오이 요거트소스 ········· 70

가지
닭다리살 채소볶음과 갈릭 요거트소스 ········· 44
구운 채소 연어샐러드와 땅콩버터 드레싱 ········· 86
가지 파마산 ········· 92
심플 가지피자 ········· 94
구운 가지 모차렐라샐러드 ········· 118

버섯
할라페뇨 버섯오믈렛 ········· 36
단백질 폭탄 치킨 버섯피자 ········· 56
돼지고기 새우 완자탕 ········· 62
채소 듬뿍 차돌된장찌개 ········· 74
부드러운 쇠고기스튜 ········· 76
뼈 없는 갈비찜 ········· 78
버섯 크림수프 ········· 100
닭고기 달걀수프 ········· 104

단호박
닭다리살 채소볶음과 갈릭 요거트소스 ········· 44
단호박수프 ········· 102
구운 단호박 부라타샐러드 ········· 122

오이
아보카도와 오이 돼지고기 쌈 ········· 64
미트볼과 오이 요거트소스 ········· 70
태국식 비프샐러드 ········· 72
새우세비체 ········· 84
양배추 그린샐러드 ········· 108
적양배추 레드샐러드 ········· 109
사천식 오이샐러드 ········· 115
오이 페타치즈샐러드 ········· 116

아보카도
아보카도와 멕시칸오믈렛 ········· 38
아보카도와 오이 돼지고기 쌈 ········· 64
새우세비체 ········· 84
아보카도 레드커리수프 ········· 106
페스토 달걀샐러드 ········· 112
아보카도 카프레제 ········· 117
훈제 연어 루콜라샐러드 ········· 124

토마토
아보카도와 멕시칸오믈렛 ········· 38
마스카르포네 프리타타 ········· 40
선드라이드 토마토치킨 ········· 48
크리미 토마토치킨과 시금치 ········· 50
버터 치킨 콜리플라워 라이스 ········· 52
토마토 크림 함박스테이크와 버터 양배추볶음 ········· 68
태국식 비프샐러드 ········· 72
부드러운 쇠고기스튜 ········· 76
새우세비체 ········· 84
가지 파마산 ········· 92
심플 가지피자 ········· 94
콜리플라워 마르게리타피자 ········· 96
아보카도 레드커리수프 ········· 106
적양배추 레드샐러드 ········· 109
페스토 달걀샐러드 ········· 112
멕시칸 토마토살사 ········· 114
오이 페타치즈샐러드 ········· 116
아보카도 카프레제 ········· 117
구운 가지 모차렐라샐러드 ········· 118
훈제 연어 루콜라샐러드 ········· 124

파프리카
아보카도와 멕시칸오믈렛 ········· 38
구운 채소 연어샐러드와 땅콩버터 드레싱 ········· 86
아보카도 레드커리수프 ········· 106
구운 파프리카 부라타샐러드 ········· 120

콜리플라워 라이스
버터 치킨 콜리플라워 라이스 ········· 52
콜리플라워 새우볶음밥 ········· 82
콜리플라워 마르게리타피자 ········· 96

블루베리
블루베리 크럼블 ········· 138
베리베리 단백질푸딩 ········· 149
블루베리 MCT 스무디 ········· 151

치아씨드
씨앗 치즈칩 ········· 127
홈메이드 저탄수 그래놀라 ········· 128
초콜릿 아보카도푸딩 ········· 148
베리베리 단백질푸딩 ········· 149

〈하루 1.5끼 간헐적 단식 다이어트 식사법〉과 **함께 보면 좋은 책**

스트레스 없는 건강한 다이어트를 위한 저·탄·건·지 키토식

〈 바쁜 당신도 지속 가능한 저탄건지 키토식 〉
박민 지음 / 216쪽

키토식을 매일 즐겁게 실천하려면 저·탄·고·지보다 저·탄·건·지(저탄수화물 건강한 지방) 키토식

- ✓ 일생 다이어터 아내, 중학생 때부터 당뇨였던 남편 제약 연구원 부부가 함께 실천하는 식사법
- ✓ 바쁜 평일에는 원팬 키토식, 여유로운 주말에는 오리지널 키토식, 당질 제한식으로 풍부한 레시피
- ✓ 면역학 박사 저자가 알려주는 탄탄한 키토식 정보부터 나에게 맞는 키토식 찾는 방법까지
- ✓ 키토식을 시작하는 이들을 위한 장보기, 추천 제품, 직장인 도시락 꿀팁 등 다양한 정보들

> "아이 낳고 불어난 뱃살과 삐걱대는 몸으로 예민하고 스트레스였는데, 저탄건지를 만나면서 10일만에 3kg이 빠지니 자존감을 회복할 수 있었어요.
>
> - 독자 커뮤니티 레팩프렌즈 요린이될테야 독자님 -

늘 곁에 두고 활용하는 소장 가치 높은 책을 만듭니다 레시피팩토리

홈페이지 www.recipefactory.co.kr

대사증후군, 고민할 필요 없이
2·1·1 식단만 따라 하세요!

〈 대사증후군 잡는 2·1·1 식단 〉
남기선, 더 라이트 지음 / 224쪽

쏙쏙 이해되는 이론편
- ☑ 대사증후군의 개념부터 생활 속 관리법
- ☑ Low GL 식사법, 2·1·1 식단이란?

요알못도 따라 하기 쉬운 레시피편
- ☑ 2·1·1을 딱 맞춘 40가지 식단
- ☑ 대사증후군 예방과 관리에 적합한 저당저염식
- ☑ 구하기 쉬운 재료와 간단한 조리법

" 새댁인 제가 주방 서랍에
보물처럼 넣어놓고,
매일매일 꺼내보는 책이랍니다.
아이 입맛 남편도 너무 잘 먹네요.
건강한 밥도 맛있을 수 있습니다.

- 온라인 서점 예스24
b******3 독자님 -

하루 1.5끼
간헐적 단식
다이어트 식사법

1판 1쇄 펴낸 날	2023년 2월 14일
편집장	김상애
레시피 정리	구효선
디자인	원유경
사진	박형인(studio TOM)
기획·마케팅	엄지혜
편집주간	박성주
펴낸이	조준일
펴낸곳	(주)레시피팩토리
주소	서울특별시 용산구 한강대로 95 래미안용산더센트럴 A동 509호
대표번호	02-534-7011
팩스	02-6969-5100
홈페이지	www.recipefactory.co.kr
애독자 카페	cafe.naver.com/superecipe
출판신고	2009년 1월 28일 제25100-2009-000038호
제작·인쇄	(주)대한프린테크

값 17,600원

ISBN 979-11-92366-17-3

Copyright © 김준기, 2023
이 책의 레시피, 사진 등 모든 저작권은 저자와 (주)레시피팩토리에 있는 저작물이므로
이 책에 실린 글, 레시피, 사진의 무단 전재와 무단 복제를 금합니다.

* 인쇄 및 제본에 이상이 있는 책은 구입하신 서점에서 교환해 드립니다.